Marxismo

PARA PRINCIPIANTES

Néstor Kohan • Pier Brito

ERA NACIENTE
Documentales Ilustrados

Marxismo para Principiantes®

Para Principiantes®
es una colección de libros de
Era Naciente SRL
Buenos Aires, Argentina
www.paraprincipiantes.com.ar

Kohan, Néstor Boris

    Marxismo para principiantes / Néstor Boris Kohan ; ilustrado por Pier Brito.
- 1a ed. 3a reimp. - Buenos Aires : Era Naciente, 2011.
    192 p. : il. ; 20x14 cm. - (Para principiantes / Juan Carlos Augusto
Kreimer)

    1. Marxismo. I. Pier Brito, ilus. II. Título
CDD 320.531 5

OTRO MUNDO ES POSIBLE: ¿CUÁL?

Entre fines del siglo XX y comienzos del XXI, el mundo se unifica. El mercado capitalista, que desde su nacimiento aspiró a ser mundial, termina por engullirse todo el planeta. Los empresarios y los banqueros reciben el nuevo siglo acumulando y disfrutando. Los pueblos y las clases trabajadoras, en lucha y resistiendo. El conflicto y la lucha de clases se extienden a todo el orbe. Nadie queda al margen.

Durante el último cuarto del siglo XX, el neoliberalismo ha intentado legitimar el creciente poder mundial del capital. Pero entró en crisis. Hoy, el movimiento de lucha anticapitalista reclama "otro mundo es posible". ¿Cuál es ese otro mundo posible?

Quienes comparten las ideas de Marx piensan que la alternativa tiene que ser el socialismo. ¿Cómo dijo? ¿Las ideas de Marx? ¿Leí bien? Sí, las ideas de Marx...

¿MARXISMO DESPUÉS DEL MURO DE BERLÍN?

El año 1989 sacude a la opinión pública mundial: se derrumba el Muro de Berlín. Junto con él caen los regímenes burocráticos que en la Unión Soviética y sus zonas de influencia se habían establecido "en nombre de Marx". En esas sociedades gobernaba una burocracia política, sumamente elitista y pequeña, alejada por completo de la clase trabajadora, ya que vivía a sus expensas. Esta casta burocrática gozaba de enormes privilegios. Aunque colgaba en la pared el cuadrito con la barba de Marx para legitimarse, era completamente reacia y opuesta a cualquier cambio revolucionario. Esa burocracia había transformado el pensamiento vivo, abierto e indomesticable de Marx en un triste y mediocre recetario de dogmas que impedían pensar y actuar.

En 1917, una revolución socialista de obreros y campesinos encabezada por Vladimir Ilich Lenin (1870-1924) y León Trotsky (1879-1940) conmueve al mundo. Tras la muerte de Lenin y a partir de los años treinta, esa revolución se congela. Toma el poder una burocracia feroz encabezada por Stalin (1879-1953). Después de 1945, ese sistema social se extiende a Europa Oriental hasta que se derrumba, sin pena ni gloria, en 1989. El pensamiento, la vida, la obra y el legado de Karl Marx, estrechamente unidos a la Revolución bolchevique, no tienen nada que ver con las diversas burocracias que en su nombre se alejaron de los trabajadores y los oprimieron durante décadas.

¿QUÉ ES EL MARXISMO?

Todavía hoy los poderosos de la Tierra sienten un escalofrío por la espalda al escuchar o leer el nombre de Marx. Empresarios y banqueros, magnates y financistas, policías y militares comparten el mismo odio contra el marxismo. En la televisión, los diarios, las radios y cuanto medio de comunicación se trate, los que tienen poder, "influencias" y muchísimo dinero no se cansan de insultar al marxismo. ¿Por qué será?

Las obras de y sobre Marx abarcan miles y miles de libros. Bibliotecas completas. Resulta difícil resumir el marxismo porque constituye una obra abierta y en movimiento. Si hubiera que elegir un solo pensamiento suyo que lo sintetice sería el siguiente: **la rebelión y la revolución son legítimas**. No sólo constituyen un derecho, sino también un deber.

EL CEREBRO MÁS GRANDE DEL MILENIO

En 1999, apenas diez años después de la caída del Muro de Berlín y en plena crisis del neo-liberalismo, la BBC News On Line de Londres realiza una votación por INTERNET acerca de quiénes son "los diez pensadores más grandes del milenio". Participa y opina gente de to-dos los rincones del mundo. El resultado es el siguiente: 1° Karl Marx; 2° Albert Einstein, 3° Isaac Newton, 4° Charles Darwin, 5° Santo Tomás de Aquino... 10° Friedrich Nietzsche. En el 2005, la misma encuesta vuelve a dar a Marx el primer lugar.

Se lo ame o se lo odie, se le tema o se lo admi-re, lo primero que hay que intentar es conocer quién es Marx, cuál es su pensamiento, cuáles son sus libros y sus obras. Se trata de romper el muro de si-lencio que han levantado sobre él.

UNA FAMILIA JUDÍA

Karl Marx (Tréveris, Alemania, 1818-Londres, Inglaterra, 1883) nace en la provincia del Rin:
zona moderna de Alemania que simpatiza con la Revolución Francesa y que, a partir de
1815, pasa a depender de Prusia, más atrasada y reaccionaria. Su familia es judía. Entre los
antepasados judíos holandeses de su madre, Henriette Pressburg (1788-1863), hay muchos
rabinos dedicados al estudio de las Escrituras religiosas. Su abuelo y su tío paternos también
son rabinos. Casi todos los rabinos de Tréveris, desde el siglo XVII, pertenecen a la familia
paterna de Marx. Hirschel Marx (1782-1838), su padre, es abogado. Adopta el nombre de
Heinrich al convertirse al protestantismo luterano, obligado por el emperador de Prusia (es-
capando de las humillaciones sufridas por los judíos tras la reincorporación de Renania a Prusia). Su madre nunca se bautiza luterana, permanece judía. Para poder asistir a un colegio
primario cristiano, Karl es convertido al protestantismo a los seis años. Incluso en su madurez, mantiene fuerte vínculo con sus parientes maternos de Holanda.

Su padre es liberal y cultivado, libre de dogmas religiosos y admirador de la filosofía del siglo XVIII. Durante su juventud, Karl también recibe influencia cultural de su suegro, Ludwig
von Westphalen (1770-1842), padre de su novia, futura esposa y compañera de toda la vida, Johanna Bertha Julie Jenny von Westphalen, más conocida como Jenny (1814-1881).
Su suegro se sabe de memoria la mayor parte de las obras de William Shakespeare, dramaturgo admirado por Marx. También recita cantos enteros de Homero.

UN ALUMNO BRILLANTE

Marx es un alumno brillante. Antes de cursar filosofía y jurisprudencia en la Universidad, estudia bachiller clásico en el Instituto de Segunda Enseñanza de Tréveris (1830-1835). Allí tiene una fuerte formación griega y latina, presente en sus futuros escritos políticos, plagados de referencias a los clásicos de la filosofía y la literatura. Hasta 1835 ese Instituto es un foco de liberalismo y cultura francesa. Uno de los primeros escritos de Marx que se conservan fue redactado en el examen de grado de bachillerato el 16/8/1835, al elegir profesión. Tiene por entonces diecisiete años.

Aunque siente pasión por la filosofía y la historia, el joven Karl, por presión paterna, no tiene más remedio que estudiar Jurisprudencia y Ciencias Camerales. Primero lo hace en la Universidad de Bonn (1835-1836), luego en la de Berlín (1837-1841).

EN LA UNIVERSIDAD

En Bonn, el joven Karl, impetuoso y romántico, forma parte del "club de la taberna" (por entonces, el rector de la Universidad lo condena a un día de prisión "por embriaguez y escándalos nocturnos"). También ingresa al "club de los poetas". En ese tiempo, repleto de entusiasmo, se bate a duelo y recibe un corte por encima del ojo izquierdo. Con temor, su padre lo regresa a Tréveris y luego lo envía a Berlín. En 1837 Marx le escribe una carta, uno de sus primeros textos juveniles que se han conservado.

(CARTA DE MARX A SU PADRE, 10/11/1837)

A medida que Marx se mete en política, cada vez más lo apasiona la filosofía. El derecho, mucho menos. Pero sigue estudiando para conformar a su padre.

EL AMOR POR JENNY Y EL ROMANTICISMO

En 1836, entre Bonn y Berlín, Marx pasa por Tréveris. Allí se enamora perdidamente de Jenny. Ella le roba el corazón. Es cuatro años mayor que él. Es bellísima, de familia rica y noble (hija de un consejero del gobierno). Nadie puede entender que se enamore de un estudiante pobre, de porvenir incierto, bohemio y... ¡de familia judía! A pesar de la oposición de la aristocrática sociedad oficial, los novios se comprometen en secreto (recién se casan en 1843). En 1836, desde Berlín, Marx le escribe un cuaderno entero de poesías.

No puedo realizar en la calma
lo que se impone a mi alma
y, huyendo de las comodidades y el reposo,
me precipito siempre al combate.
Querría conquistar todo lo que otorgan
los dioses,
explorar intrépidamente el dominio
de las ciencias,
afirmar mi maestría en la poesía y en el arte.
Hay que atreverse a emprenderlo todo,
sin tregua ni descanso,
huir de la apatía que nos aparta
de la voluntad y de la acción,
no refugiarse en estériles meditaciones
y no doblegarse vilmente ante el yugo,
pues siempre nos quedarán el deseo
y la esperanza que nos llevan a la acción.

Poesías de Marx a Jenny (1836)

Aunque sus poesías juveniles son estéticamente flojas (el viejo Marx siempre se burla de ellas), condensan sus obsesiones filosóficas. Incluso antes de leer a Hegel, el joven Marx recibe la influencia de la literatura romántica alemana y del *Fausto*, de Johann Wolfgang von Goethe (1749-1832). Marx queda impactado con la idea goethiana de que "en el comienzo fue la acción" y con la necesidad de lograr "la totalidad" en el conocimiento. Dos componentes centrales de su futura filosofía de la praxis y su método dialéctico.

LOS JÓVENES HEGELIANOS

En Berlín, Marx incursiona en los círculos radicales y jacobinos, como el "club de los doctores". Estudia con Friederich Carl von Savigny (1779-1861), fundador de la Escuela Histórica del Derecho, y con Eduard Gans (1797-1839), discípulo de Georg Wilhelm Friedrich Hegel (1770-1831). La lectura filosófica de Hegel lo marca para toda la vida.

En 1838 fallece su padre. Durante tres años más, el joven Karl —de veinte años— profundiza su vínculo con los discípulos de Hegel, conocidos como "los jóvenes hegelianos". Entre ellos, con Bruno Bauer (1809-1882), nueve años mayor que él y autor de numerosas obras sobre religión. Los neohegelianos, racionalistas, cuestionan el atraso prusiano y reclaman reformas liberales y democráticas. Al poco tiempo Marx se separa de ellos, criticándoles su timidez política y lo limitado de sus proyectos de transformación.

¿ACADÉMICO O REVOLUCIONARIO?

Nadie nace revolucionario. ¡Ni siquiera Marx! Entre 1840 y 1842, el joven Karl tiene en mente ser simplemente... un tranquilo profesor de filosofía. Su amigo Bruno Bauer, con quien proyecta una revista, promete ayudarlo en la Universidad de Bonn. Pero Bauer cae en desgracia ante la censura de Prusia y el ascenso de Federico Guillermo IV. Las puertas de la Academia se cierran para Marx. Para obtener aunque sea un título, Karl elige recibirse fuera de Berlín y de Bonn, en la pequeña Universidad de Jena. Allí presenta su tesis doctoral sobre las diferentes teorías de los átomos en dos filósofos griegos: Demócrito (460 a. C.-370 a. C.) y Epicuro (341 a. C.-270 a. C.).

Marx se recibe de doctor en Filosofía —en ausencia— el 15 de abril de 1841. Aunque admira en ambos griegos la visión del mundo no religiosa, simpatiza más con Epicuro que con Demócrito. A éste le critica su teoría de los átomos porque no encuentra en ella "el principio enérgico". El universo de Demócrito era pura materia. Pero, se pregunta el joven Marx, ¿y el sujeto?, ¿y la actividad transformadora? Del *Fausto* de Goethe había aprendido que "en el principio fue la acción". Precisamente eso echa de menos en Demócrito.

PRIMER ENCUENTRO DE MARX CON ENGELS

Dos años menor que Karl Marx, Friedrich Engels (1820-1895) proviene de una familia protestante alemana. Su padre es fabricante textil en Barmen (Alemania) y tiene filial en Manchester (Inglaterra): la Ermen & Engels. Si en Karl se adivina a primera vista su origen judío, el joven Friedrich tiene la pinta de un típico alemán, rubio y grandote, aunque mundano y con modales ingleses. En su juventud sufre el tironeo entre lo que le gusta, la filosofía y la literatura, y "el deber familiar": la empresa paterna y la religión protestante.

Al igual que Marx, el joven Engels forma parte de los jóvenes hegelianos, radicales y democráticos, como el "club de los Libres", del que —ya completamente ateo— se separa en octubre de 1841.

Los primeros trabajos de Engels son de marzo de 1839. Se publican en *El Telégrafo de Alemania* con el título "Cartas del Wuppertal". Su primer libro es *Schelling y la revelación. Crítica del más reciente intento de la reacción contra la filosofía libre* (mayo de 1842). Engels es entonces un demócrata radical. Pronto abraza la doctrina del comunismo filosófico, preconizado por el pensador judío Moses Hess (1812-1875). Ya como comunista convencido, Engels colabora en *La Gaceta del Rin*, dirigida por Marx. El primer encuentro entre ambos se produce en Colonia. Es frío y seco. En ese tiempo, Marx pone distancia frente al comunismo... y recibe a Engels con desconfianza. Además, lo asocia con sus antiguos amigos de Berlín —con quienes acaba de romper—. Se vuelven a encontrar en París en agosto de 1844. Para entonces, Marx también se convierte en comunista. De allí en más, nada ni nadie los separará.

UNA AMISTAD CONTRA VIENTO Y MAREA

Hay amistades a toda prueba que sólo se encuentran en las novelas o en las películas. Pero la amistad de Marx y Engels es real. A lo largo de cuarenta años, Engels acompaña a Marx —a quien considera un genio— en las grandes luchas políticas de la clase obrera y también lo ayuda en la vida cotidiana. La fidelidad y la lealtad hacia su compañero no tienen límites.

Engels siente fastidio por los negocios. Ama el estudio de las ciencias naturales, la técnica militar (Marx lo llama "el general"), la filología y el aprendizaje de nuevos idiomas. Aunque detesta desperdiciar su tiempo en la administración inglesa de la fábrica de su padre, se sacrifica por su compañero en función de la revolución. Mientras Marx escribe gran parte de su obra teórica y científica, durante décadas su entrañable amigo lo sostiene económicamente a él y a su familia (incluso escribe numerosos artículos periodísticos firmándolos como si fuera Marx para que éste pueda cobrarlos).

Marx reconoce que, sin la ayuda de Engels, no hubiera podido escribir *El Capital*.

LA POLÍTICA EN EL JOVEN MARX

Marx no publica en vida su tesis doctoral. Primero la posterga para fundirla en un estudio más ambicioso sobre la filosofía griega. Luego se aboca de lleno a la lucha política, a la que llega de la mano del periodismo en *La Gaceta del Rin*. Su primer artículo político se titula "Los debates sobre la libertad de prensa y la publicación de los debates de la Dieta" (5/5/1842).

La Gaceta del Rin, nacida en 1842, agrupa al bando republicano y burgués de Colonia. Se opone a *La Gaceta de Colonia*, católica y reaccionaria. En 1842 (cuando muere su futuro suegro) Marx no es todavía comunista, aunque empieza a criticar las ficciones y las trampas del Parlamento burgués. Está a la búsqueda. Por entonces, cree que la transformación social se origina en la "libertad de prensa", bandera clásica del liberalismo. Paulatinamente, comienza a cuestionar la subordinación del periodismo a los empresarios. Su primera crítica a la propiedad privada aparece en su artículo "Debates sobre la ley castigando los robos de leña" (25/10/1842). Los terratenientes querían castigar a los campesinos, cuyas tierras comunales habían expropiado.

EL DIÁLOGO PERMANENTE CON HEGEL

Después de siete años de noviazgo secreto, habiendo ya muerto el suegro (que a pesar de los prejuicios apoyó a los enamorados), Marx se casa con Jenny el 19 de junio de 1843. Luego de la boda, escribe su primer gran libro: *Crítica del derecho del Estado de Hegel*. Este texto inicia su relación ininterrumpida con Hegel y la filosofía clásica alemana. Permanece inédito hasta 1927, cuando la diminuta letra manuscrita de Marx es descifrada y editada en la Unión Soviética por el célebre erudito bolchevique y biógrafo de Marx, David Borísovich Riazanov.

Marx nunca agota su relación con Hegel. A lo largo de toda su vida sigue leyendo, criticando y dialogando con la filosofía clásica alemana y con la dialéctica de su maestro. Ese diálogo comienza en 1843 con la crítica de la *Filosofía del derecho* de Hegel. Continúa al año siguiente, en los *Manuscritos económico-filosóficos de 1844* donde Marx incursiona en la *Fenomenología del espíritu* de Hegel. En 1847 escribe *Miseria de la filosofía* para cuestionar a Proudhon por su mala lectura de la dialéctica de Hegel. En 1857 redacta los *Elementos fundamentales para la crítica de la economía política (Grundrisse)*, cuya introducción comienza discutiendo el método dialéctico y a Hegel. En 1860 elabora un pequeño resumen de la *Ciencia de la Lógica* de Hegel. En *El Capital* (1867), todo el primer capítulo sigue las huellas del método dialéctico de Hegel. En su correspondencia de 1877, Marx discute la filosofía de la historia de Hegel. Etc., etc.

HEGEL Y LA DIALÉCTICA

La filosofía clásica alemana se inicia con Immanuel Kant (1724-1804), continúa con Johann Gottlieb Fichte (1762-1814) y Friedrich Wilhelm Joseph von Schelling (1775-1854) y culmina con Georg Wilhelm Friedrich Hegel (1770-1831). Más allá de sus diferencias respectivas, estos pensadores le asignan un lugar central al sujeto.

La filosofía clásica alemana representa el punto filosófico más alto logrado por la Revolución burguesa europea. Marx lo resume así: "Los alemanes piensan lo que los franceses hacen". Si en Francia Maximilien de Robespierre (1758-1794) le corta la cabeza al rey, en Alemania, Kant le corta la cabeza a Dios. Lo que más seduce a Marx de la filosofía clásica alemana es el método dialéctico de Hegel.

LA SOCIEDAD, NO EL ESTADO

El método dialéctico es central para Marx. Eso explica que, incluso treinta años después de su primer libro sobre Hegel, Marx no vacile en declararse "discípulo de aquel gran pensador". Así lo hace en el epílogo de 1873 a la segunda edición de *El Capital*.

De acuerdo con Hegel, Marx sostiene a lo largo de toda su obra que la dialéctica es un modo de existencia dinámico y contradictorio: atraviesa la historia, los sujetos sociales con sus prácticas y el pensamiento humano.

A pesar de ese acuerdo básico con Hegel, Marx le hace numerosas críticas. En aquella juvenil *Crítica del derecho del Estado de Hegel* le reprocha el haber invertido la relación entre el objeto (la realidad) y el sujeto (los seres humanos y su sociedad). Hegel pone por delante el concepto lógico y, como algo subordinado, la sociedad humana. Los seres humanos seríamos encarnaciones de "La Idea". En cambio, para Marx la dialéctica es lógica y conceptual pero sobre todo histórica: las contradicciones del pensamiento surgen por las luchas sociales y no al revés. Además, le cuestiona a Hegel la ilusión de confiar en que el Estado superará las contradicciones del mercado y la sociedad. Marx piensa que para resolver esas contradicciones y alcanzar "la verdadera democracia" (en ese momento Marx todavía no habla de comunismo), el Estado tiene que desaparecer.

LA INFLUENCIA DE FEUERBACH

En noviembre de 1843 Marx, recién casado, se marcha de Alemania. La censura oficial había aplastado *La Gaceta del Rin*. Se traslada entonces con Jenny a París. Allí, a fines de febrero de 1844, aparece una nueva revista capitaneada por Marx y Arnold Ruge (1802-1880): los *Anales franco-alemanes*. Se publica un único número doble. Tanto Marx como la revista reciben en ese tiempo una clara influencia del filósofo Ludwig Feuerbach (1804-1872), como recuerda al final de su vida Federico Engels en su obra *Ludwig Feuerbach y el fin de la filosofía clásica alemana* (1886-1888).

Por oposición al idealismo de Hegel y a su lógica centrada en el concepto, Feuerbach reivindica el materialismo y la realidad a la que se accede mediante los sentidos.

Tanto con el idealismo como con el materialismo, termina predominando una interpretación del mundo, no su transformación.

Como pensador materialista, Feuerbach plantea en *La esencia del cristianismo* (1841) que no es Dios quien crea al hombre, sino el hombre a Dios. Esta idea le encanta al joven Marx. La emplea en su *Introducción* a la *Crítica del derecho del Estado de Hegel* (escrita entre fines de 1843 y enero de 1844 y publicada en los *Anales franco-alemanes*). Allí plantea por primera vez la unidad entre la filosofía y la clase obrera.

¿RELIGIÓN = OPIO DEL PUEBLO?

En su juventud, Marx analiza críticamente la teología de su tiempo. En Alemania, las instituciones protestantes oficiales (principalmente luteranas) legitiman el orden establecido, como lo hacen en Holanda, Suiza e Inglaterra. Aunque culturalmente enfrentado a la Reforma, el catolicismo cumple idéntica función en Italia, Francia y España. Nada muy distinto a lo que sucede hoy en día en todo el mundo. Por eso Marx enjuicia duramente a los que pretenden inculcar en los trabajadores resignación, paciencia, obediencia y mansedumbre. Oponiéndose a quienes sugieren al pueblo ofrecer sumisamente "la otra mejilla", Marx reclama de los trabajadores: ¡Dignidad y lucha!

Pero la mirada de Marx en la *Introducción* de 1843 —influida por Feuerbach— es mucho más compleja que el mero anticlericalismo liberal. Tanto las visiones dogmáticas, mecanicistas y vulgares del marxismo como el pensamiento religioso conservador han utilizado, de manera descontextualizada y manipuladora, su expresión "la religión es el opio del pueblo" para los fines más diversos. Desde convertir a Marx en un bruto "come-curas" hasta transformarlo en un típico liberal, ilustrado y burgués, como los de la Revolución Francesa de 1789. Todos olvidan que su punto de vista es humanista. En la misma óptica, Engels publica en los *Anales franco-alemanes* una crítica de *Pasado y Presente* (1843) de Thomas Carlyle (1795-1881). En ella escribe: "El problema ha sido siempre éste: ¿qué es Dios? Y la filosofía alemana ha resuelto este problema contestando: Dios es el hombre".

¿TEOLOGÍA Y REVOLUCIÓN?

Si una persona cree en Dios... ¿puede ser marxista? Ese antiguo y añejo dilema ya está saldado. El marxismo es una filosofía de la praxis y una concepción del mundo que ubica en el centro de sus reflexiones el problema político de la revolución y la transformación de la sociedad, no el problema metafísico de si Dios existe o no. Revolucionaria es toda persona que lucha cotidianamente por la revolución, crea o no en Dios. Lejos de cualquier metafísica, el marxismo ayuda a encontrarle sentido a la vida en esa lucha colectiva contra toda explotación y dominación.

En los siglos XX y XXI, importantes sectores religiosos, sin renunciar a su fe, rechazan los valores de la sumisión y la obediencia. De la mano de las insurrecciones populares y las revoluciones socialistas, estos sectores creyentes —inspirados en la teología de la liberación— toman en serio el mensaje profético de que "somos **iguales** ante Dios". En lugar de seguir alentando la resignación, predican la rebelión contra el falso Dios del dinero, los falsos profetas del mercado, los adoradores del becerro de oro, los que idolatran las cotizaciones bursátiles y la divinidad de las tarjetas de crédito, los que exigen sacrificios obreros ante el insaciable y colérico altar del capital.

FILOSOFÍA Y PROLETARIADO

Su *Introducción* a la *Crítica del derecho del Estado de Hegel* (1843) constituye el primer manifiesto de Marx. Es un texto filosófico, pero ya vislumbra el problema fundamental de la revolución. Allí formula la pregunta ausente en las antiguas utopías socialistas y comunistas, que sólo imaginaban para el futuro un mundo mejor sin preocuparse de cómo realizarlo. Sin abandonar el contenido crítico del presente ni la esperanza para el futuro en ese mundo mejor, Marx busca concretar el proyecto emancipador de la filosofía clásica alemana. Para eso pregunta: ¿cuál es el sujeto de la revolución? Lo encuentra en el proletariado, ya que éste resume todos los padecimientos de la humanidad. Así, con una fuerte tonalidad ética, plantea por primera vez una alianza entre la filosofía y la clase obrera, entre la mente y el corazón de la revolución, entre el programa de transformación y el sujeto que lo podría llevar a cabo.

Al intentar cruzar el método dialéctico con los trabajadores, Marx se esfuerza por descentrar el discurso de la vieja filosofía. Si pretende lograr cambios radicales, liberar al ser humano y transformar la sociedad, la filosofía debe superar su propio límite e ir más allá de sí misma, uniendo la teoría con la práctica.

LA CUESTION JUDÍA

En la atrasada Alemania del siglo XIX, el pueblo judío se encuentra sometido. Ya por entonces padece el antisemitismo que, en el siglo XX, llegará al paroxismo con el genocidio nazi
de seis millones de judíos. El antisemitismo puede rastrearse en la cultura alemana, incluso
en sus plumas más prestigiosas. Intentando pensar las condiciones para la emancipación del
pueblo judío, en 1843 Bruno Bauer escribe *La cuestión judía* y "La capacidad de los judíos y
los cristianos de hoy para llegar a ser libres". Marx le responde con *La cuestión judía*, publicado en 1844 en los *Anales franco-alemanes*.

Bauer cree que la emancipación del pueblo judío se logrará con una revolución liberal que
separe la Iglesia del Estado y convierta a los judíos en ciudadanos iguales ante la ley. Marx
se opone. La liberación no debe ser sólo política, como en la Francia de 1789, sino humana:
hay que cambiar toda la sociedad con una revolución radical.

Aunque su respuesta es brillante, Marx —quizá con conflictos personales por su conversión
forzada a los seis años— cae por momentos en fuertes prejuicios. Por ejemplo, identifica a
priori judaísmo = burguesía. Paradójicamente, gran parte de sus seguidores revolucionarios
de la generación bolchevique y de las siguientes serán judíos: León Bronstein (Trotsky), Rosa Luxemburg, Leo Jogisches, Julius Tsederbaum (Martov), Pavel Axelrod, David Goldenbach
(Riazanov), León Rosenfeld (Kamenev), Karl Sobelsohn (Radek), Gregory Radomylski (Zino-
viev), Mijail Grusenberg (Borodin), Abraham León, Isaac Deutscher, Walter Benjamin y
György Lukács, entre muchos otros.

REVOLUCIÓN BURGUESA Y LIBERALISMO

Al responderle a Bauer, Marx cuestiona a la Revolución Francesa de 1789 y su célebre "Declaración de los derechos del hombre y el ciudadano". El desdoblamiento de las personas entre "ciudadanos" (lo público y universal) y "hombres" (lo privado y particular) es típico de la burguesía, sostiene Marx. Hay que modificar la sociedad que lo produce.

A nivel discursivo, el liberalismo burgués afirma que, por haber nacido, "todos somos iguales ante la ley". Más allá de las clases sociales, tenemos "derechos humanos". Esto constituye un gran avance frente al absolutismo monárquico. Sin embargo, en el capitalismo realmente existente, la burguesía nunca respeta esos derechos. Apoya en forma entusiasta las dictaduras de Hitler, Mussolini, Franco, Videla, Somoza y Pinochet, entre otras. El marxismo critica al liberalismo por encubrir el poder de una clase sobre otra bajo el manto de una promesa que jamás se cumple. Para garantizar realmente los derechos humanos, entendidos como derechos concretos, tangibles y realizables (no sólo potenciales o declarativos), tiene que gobernar la clase trabajadora.

REVOLUCIÓN: BURGUESA O SOCIALISTA

La revolución burguesa se caracteriza por hablar en nombre de todos ("el pueblo", "la Nación", "la patria", "el Estado", etc.) y beneficiar sólo a una minoría: los propietarios burgueses, adultos, varones, blancos, occidentales y cristianos. Su discurso es hegemónico e incluyente. Separa la Iglesia del Estado, construye el Estado-nación, el mercado interno y el Ejército "nacional". De este modo, instala la dominación política de la burguesía y el reinado absoluto del dinero y el valor de cambio.

La revolución socialista, en cambio, constituye un proyecto mucho más radical. Cuestiona la burguesía, sus prácticas, sus discursos y sus valores. Como proyecto humanista y libertario, se propone crear una sociedad futura de hombres y mujeres nuevos, liberados de la explotación económica pero también de la dominación política de la subjetividad, la alienación y el fetichismo mercantil, la burocracia, el patriarcalismo, el racismo, el etnocentrismo y la xenofobia. Es un proyecto centralmente político, pero también ético y cultural. No se detiene con la transformación de un país particular. Aspira a cambiar todo el mundo.

SOCIALISMO Y COMUNISMO

En París, en 1844, Marx adhiere al comunismo (corriente que él no inventa), cuando conoce a diversos trabajadores comunistas, a grupos socialistas y se encuentra con la precursora literatura utópica de los pensadores sociales. A partir de allí le da una vuelta de tuerca a esta corriente política y resignifica la teoría que la fundamenta. Muchos años más tarde, en su obra *Del socialismo utópico al socialismo científico* (1880), Engels caracteriza a aquellos precursores como "socialistas utópicos" porque imaginaban una sociedad del futuro sin explotación, pero no encontraban las vías y los sujetos para concretarla (con la excepción de François-Noël Graco Babeuf (1760-1797), que sí tenía una propuesta conspirativa e insurreccional para realizarla). Entre los socialistas utópicos que menciona Engels se destacan Claude-Henry de Rouvroy, Conde de Saint-Simon (1760-1825), Robert Owen (1771-1858) y François-Marie-Charles Fourier (1772-1837). Habría que agregar a Gabriel Mably (1709-1785) y Étienne Cabet (1788-1856), entre otros.

En la época en que Marx se exilia en Francia, suele utilizarse el término "comunismo" para las sociedades revolucionarias secretas posteriores a 1830. A la idea de socialismo, muchas veces asociada a los intelectuales, filósofos y miembros de la elite cultural, el comunismo le agrega el sabor militante de la lucha obrera revolucionaria. Por eso, Marx y Engels lo prefieren y asumen como propio.

EL "GENIAL ESBOZO" DE ENGELS

Entre diciembre de 1843 y enero de 1844, Engels redacta su "Esbozo de crítica de la economía política". Es un texto precursor. Se publica en los *Anales franco-alemanes*. Allí observa que en el capitalismo los seres humanos son humillados, como si fueran mercancías, por el capital, que él define como "trabajo escindido". En 1859, al realizar un balance de sus investigaciones, Marx llama a aquel escrito un "esbozo genial".

A lo largo de los cuarenta años de su relación con Marx, Engels siempre se le adelanta. En una carta del 4/7/1864, Marx le escribe: "Te constan dos cosas, primero, que a mí me llega todo más tarde, y segundo, que no hago más que seguir tus huellas". Engels dirá a su vez que "Marx es un hombre de genio, nosotros a lo sumo de talento". Ese carácter precursor de Engels sobre Marx —aunque éste siempre haya sido más profundo que aquel— se expresa en el tema de la dominación de la mujer, el análisis del cristianismo revolucionario, la más temprana adopción del comunismo y, en este caso, la primera crítica a la economía política.

COMIENZA LA GRAN SÍNTESIS

El pensamiento de Marx es heredero, al mismo tiempo, de múltiples tradiciones: (a) la extensa acumulación de protestas, revueltas, levantamientos, insurrecciones, rebeliones y revoluciones sociales y políticas de los oprimidos a lo largo de la historia, (b) las grandes utopías sistemáticas de los intelectuales junto con los proyectos utópicos populares (leyendas, mitos, relatos religiosos y milenaristas que sueñan con un futuro igualitario y libre de explotación) creados y transmitidos por las clases sojuzgadas y explotadas, (c) la crítica científica sedimentada históricamente en el cuestionamiento de todas las mistificaciones, cosificaciones y fetiches que obstaculizan la comprensión racional de los procesos sociales.

Como el marxismo constituye un pensamiento abierto, a la síntesis marxiana original los marxistas posteriores han continuado agregando nuevos afluentes, como el ecologismo, el feminismo y la lucha de los pueblos coloniales, entre muchos otros.

1844: TEORÍA DE LA ALIENACIÓN

Siguiendo los pasos de Engels, Marx comienza su crítica de la economía política en 1844. Lo hace en dos trabajos: los *Cuadernos de notas de París,* donde extracta y comenta diversos libros de economía, y los célebres *Manuscritos económico-filosóficos de 1844* (redactados entre abril y agosto), donde desarrolla su primera crítica de la economía capitalista. La principal categoría de estos textos es la de alineación = enajenación. Ésta es definida por Marx como la pérdida de la esencia humana, de la actividad vital consciente que diferencia a la especie humana de otras especies. Cuando hay alienación, el ser humano termina subordinándose a sus productos: el dinero, el mercado y el Estado.

Los *Cuadernos* y los *Manuscritos,* ambos de París, son póstumos. Aparecen juntos en el tercer tomo de la edición de las *Obras Completas de Marx y Engels,* conocida por la sigla MEGA (en alemán: *Karl Marx/Friedrich Engels, Historisch-kritische Gesamtausgabe).* Los publica en Berlín (1932) el Instituto Marx-Engels-Lenin de Moscú, dirigido por V. Adoratsky, aunque en el desciframiento había trabajado David Riazanov, ayudado, entre otros, por pensadores de la importancia de György Lukács (1885-1971).

HUMANISMO Y ALIENACIÓN

Los *Manuscritos de 1844* son tan profundos que parten las aguas del pensamiento social. Marx plantea allí definiciones fundamentales: "El capital es poder de mando sobre el trabajo". Se pregunta: "¿Qué es la vida sino actividad?". En términos políticos, cuestiona al reformismo: "Una elevación del salario no sería más que una mejor remuneración de los esclavos". Lo más relevante es su teoría de la alienación: cuanto más brillan las mercancías, más opaco se vuelve el hombre. Cuanto más crecen el capital y el dinero —los productos creados—, más pierde el ser humano —el creador—. Para el capitalismo es más importante el "tener" que el "ser". El humanismo revolucionario de Marx tiene por objetivo acabar con la alienación y liberar al ser humano de sus productos enajenados.

A lo largo del siglo XX, diversas corrientes intentan hacer suyo el humanismo de los *Manuscritos de 1844*. Desde los marxistas György Lukács, Herbert Marcuse (1898-1979), Henri Lefebvre (1905-1991), Ernesto Che Guevara (1928-1967), Adolfo Sánchez Vázquez (1915) y Karel Kosik (1926-2003), hasta el existencialista Jean-Paul Sartre (1905-1980); desde freudianos de izquierda como Erich Fromm (1900-1980) hasta stalinistas como Roger Garaudy; desde socialistas democráticos como Rodolfo Mondolfo (1877-1976) hasta teólogos jesuitas de la Iglesia católica como Ivez Calvez y Pierre Bigo. A contramano de todos ellos, los *Manuscritos* y su humanismo fueron rechazados por el marxista Louis Althusser (1918-1990) y sus discípulos franceses.

LA CRÍTICA ROMÁNTICA DEL DINERO

En los *Manuscritos de 1844* Marx identifica al dinero y el mercado con la prostitución. Una identificación metafórica típica del romanticismo, corriente que opone el amor contra el cálculo y el dinero. Aunque algunos románticos son conservadores y reaccionarios, muchos otros se vuelven anticapitalistas y emplean su nostalgia del pasado para intentar "reencantar el mundo" con nuevos valores. Marx recupera del romanticismo numerosas críticas contra la sociedad burguesa y las incorpora a su pensamiento.

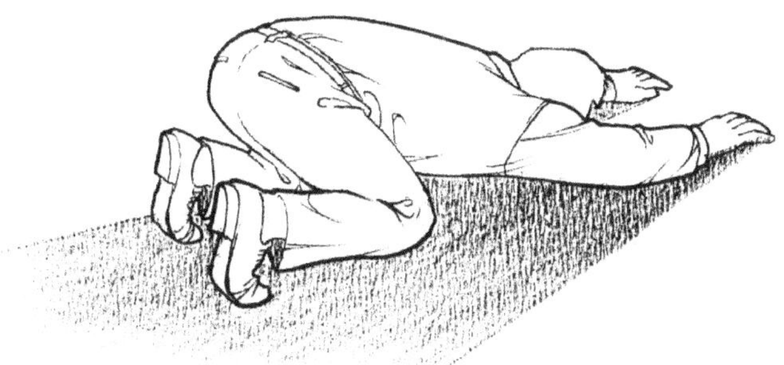

Al criticar el dinero en los *Manuscritos*, Marx reproduce extensos párrafos del *Fausto* de J. W. Goethe y del *Timón de Atenas* de William Shakespeare (1564-1616). Por ejemplo, aquel donde el dramaturgo isabelino escribe: "¿Oro? ¿Oro precioso, rojo, fascinante? / El oro torna blanco al negro, al feo hermoso, / Virtuoso al malvado, al anciano mancebo, / Valeroso al cobarde y noble al ruin. (...) ¡Oh, maldito metal, / Puta común del género humano / Simiente de discordia entre los pueblos!".

MARX, EL ARTE Y LA CULTURA

Mientras recupera la protesta romántica, Marx describe en los *Manuscritos de 1844* el proceso moderno donde la cultura se transforma en una mercancía más. En el capitalismo todo se vende y se compra. Todo tiene un precio. Todo se cuantifica y mecaniza. Incluso las producciones culturales más sublimes. El valor de cambio no respeta nada, ni lo más "sagrado". El arte termina completamente subordinado al mercado.

Marx piensa que en una sociedad donde se haya superado el mercado y la alienación que siempre lo acompaña, el ser humano podrá realizar un trabajo creador. Es decir, una actividad específicamente humana, entendida como "su esencia vital". En ese caso, el trabajo dejará de ser una carga y una tortura que se realiza para subsistir y sobrevivir, un trabajo forzado y alienado, y permitirá al ser humano "modelar según las leyes de la belleza". La precondición para reunificar al ser humano y su actividad con el arte y la belleza es revolucionar la sociedad y acabar con el poder despótico del capital.

ENGELS Y LA CLASE OBRERA

Así como Marx queda impactado por el comunismo al encontrarse en París con las organizaciones proletarias, a Engels le sucede algo similar en Inglaterra, donde vive desde noviembre de 1842 hasta agosto de 1843. Friedrich recorre hasta el último rincón de los suburbios londinenses de la mano de su novia, la obrera irlandesa Mary Burns (¿?-1863), su inseparable pareja durante varias décadas. Al regresar a Barmen, Alemania, escribe *La situación de la clase obrera en Inglaterra* (lleva por subtítulo *Obra basada en el conocimiento directo y en fuentes auténticas*, y está dedicada "A las clases trabajadoras de la Gran Bretaña"). La redacta entre noviembre de 1844 y marzo de 1845. Se publica en Alemania en 1845. La piensa como un capítulo de una historia social de Inglaterra.

Esta obra adelanta, además, los grandes temas del urbanismo, la ecología, las nefastas consecuencias de la contaminación y la Revolución Industrial para los trabajadores. Después de la muerte de su compañera Mary, Engels hace pareja con su hermana, Lizzy Burns (¿?-1878), también obrera y vinculada a los grupos radicales irlandeses. De ella escribirá en 1891: "era una auténtica proletaria irlandesa, y los sentimientos apasionados de aquella mujer por la clase a la que pertenecía y que le eran innatos valían para mí mil veces más que toda la sutileza de ingenio y toda la arrogancia que hubiera podido encontrar en cualquier señorita «culta» y «sentimental», hija de la burguesía". En ambos casos Engels rompe con su clase. Él, administrador de una fábrica paterna y a contramano del conservadurismo victoriano y sus prejuicios, elige como sucesivas compañeras de vida a Mary y a Lizzy... ¡obreras e irlandesas!

A CUATRO MANOS

Iniciada la colaboración entre Marx y Engels, el primer trabajo que emprenden juntos es una polémica. Critican la *Gaceta General Literaria*, editada desde diciembre de 1843 y dirigida por Bruno Bauer y sus hermanos Edgar (1820-1886) y Egbert, todos neohegelianos. El título es irónico: *La sagrada familia o Crítica de la crítica crítica. Contra Bruno Bauer y consortes* (se publicó en 1845). La mayor parte la escribe Marx. Bauer desconfía de la politización de Marx y Engels. Asiste como espectador a la destrucción de los *Anales alemanes* y *La Gaceta del Rin*. Llega a la conclusión de que hay que volver a la "filosofía pura", la "teoría pura", la "crítica pura". Por eso Marx y Engels lo atacan duramente.

Lo que Marx y Engels cuestionan de sus antiguos compañeros de Berlín es la especulación. En este texto, los dos amigos empiezan a dejar atrás la influencia de Feuerbach y su humanismo abstracto. (El humanismo abstracto postula al ser humano como centro de sus preocupaciones, pero presupone un individuo aislado, ajeno a las relaciones sociales y al margen de la historia.) Al mismo tiempo, defienden el feminismo socialista e internacionalista de Flora Célestine Thérèse Tristán (1803-1844), atacada por Edgar Bauer por su supuesto "dogmatismo femenino".

EL MARXISMO:
NUEVA CONCEPCIÓN DEL MUNDO

En 1845 Marx sintetiza su nueva concepción del mundo en sus *Tesis sobre Feuerbach* (publicadas póstumamente por Engels en 1888). Criticando a Feuerbach en once aforismos —muy cortos—, Marx sienta el programa de su filosofía de la praxis. Cuestiona a las filosofías idealistas y materialistas por su unilateralidad y su divorcio de la práctica. Expone su concepción de la actividad del sujeto y la sociedad, la educación, la verdad, la religión, la filosofía, la política y la revolución.

Las concepciones del mundo —no existe una sino muchas— están implícitas, entremezcladas y en disputa en la vida cotidiana. No se identifican a simple vista. Están agazapadas. El marxismo es parte de esa disputa.

FILOSOFÍA, IDEOLOGÍA Y SENTIDO COMÚN

La mayoría de las veces, las concepciones del mundo —ideológicas y filosóficas— están escondidas. No se ven ni se tocan, no están al alcance de la mano. Por eso, en el sentido común se terminan aceptando pasivamente. ¡Nadie puede escapar de las concepciones del mundo ni de las ideologías! ¡Todos compartimos una filosofía! (lo sepamos o no...)

El sentido común es un campo de batalla entre diversas concepciones del mundo, ideologías y escalas de valores. La ideología de la burguesía y la de los trabajadores disputan el corazón y la mente del pueblo. Ambas sugieren un camino para seguir en la vida, pero en direcciones diametralmente opuestas.

Las ideologías tiñen cada una de nuestras palabras, gestos y opiniones, por más que éstos aparenten ser "ingenuos". Cada observación de la vida cotidiana y del sentido común, por muy "inocente" o accidental que parezca, está vestida por una concepción del mundo. Es imposible una visión desnuda de la realidad. Miramos el mundo siempre a partir de un filtro y una lente: la ideología. Podemos tomar conciencia de su existencia o seguir inconscientemente las opiniones ajenas, pero ella existe. Si no tomamos conciencia la terminamos aceptando en forma pasiva. La filosofía marxista de la praxis aspira a que los trabajadores, los jóvenes y el pueblo identifiquen críticamente las concepciones del mundo burguesas y hagan suya la concepción del mundo revolucionaria.

UNIDAD DE TEORÍA Y PRÁCTICA

Para la filosofía de la praxis —central en las *Tesis sobre Feuerbach* y en todo el pensamiento marxista— constituye un error grave todo intento de separar al ser humano de la naturaleza, el sujeto del objeto, la actividad de la materia, el ser del pensar y el hacer. En suma: a la teoría de la práctica.

Para Marx, la filosofía debe siempre preguntar y cuestionar. Por eso debe ser crítica. Pero no sólo debe cuestionar al mundo sino también a sí misma, intentando descentrarse y prolongarse fuera de su propio radio y su propio límite. No se trata sólo de interpretar sino también, y principalmente, de hacer y transformar. Si hubiera que elegir un problema filosófico como fundamental, no sería el siguiente: "¿qué es lo principal: la Materia o la Idea?". Cualquiera de las dos respuestas posibles —materialismo o idealismo— permanece dentro de la metafísica. Uno de los **problemas fundamentales de la filosofía marxista de la praxis** es: "¿Cómo transformar el mundo mediante una revolución y qué papel juega en ella el ser humano?".

LA PASIVIDAD DEL MATERIALISMO

En la primera *Tesis sobre Feuerbach,* Marx sostiene: "El defecto fundamental de todo el materialismo anterior —incluido el de Feuerbach— es que sólo concibe las cosas, la realidad, la sensorialidad, bajo la forma de **objeto** o de **contemplación,** pero no como **actividad sensorial humana**, no como **práctica,** no de un modo subjetivo".

Al poner el énfasis en la realidad objetiva, independiente de la praxis del sujeto, ajena a la historia y a las relaciones sociales, el materialismo filosófico se vuelve especulativo, contemplativo y pasivo. En los manuales de marxismo de la URSS —sumamente dogmáticos y unilaterales— se definía a Marx rápidamente como "materialista". Sin embargo, el "materialismo" de Marx está centrado en las relaciones sociales de producción, históricamente construidas. Para la filosofía marxista de la praxis no hay materia objetiva sin sujeto, ni sujeto sin materia objetiva. En cambio, la filosofía materialista clásica separa tajantemente uno de otro: se queda sólo con el objeto, la materia y la naturaleza. Deja de lado el sujeto, la práctica y la historia social.

LA ABSTRACCIÓN DEL IDEALISMO

Al criticar la pasividad del materialismo, la primera *Tesis sobre Feuerbach* agrega: "De aquí que el lado **activo** fuese desarrollado por el idealismo, por oposición al materialismo, pero sólo de un modo abstracto, ya que el idealismo, naturalmente, no conoce la actividad real, sensorial, como tal". Aunque admirador de Hegel, Marx le cuestiona a su maestro —el filósofo idealista más importante y profundo— el subordinar toda la historia de la sociedad al concepto lógico. Este sobredimensionamiento de la teoría y la lógica conceptual termina haciendo abstracción de la actividad práctica real del sujeto.

A pesar de su extrema abstracción, el idealismo de Hegel al menos inserta al sujeto dentro de relaciones (aunque no llegue a comprender su carácter). En cambio, otras corrientes idealistas, mucho más simplistas y ajenas a la dialéctica, terminan aislando completamente al sujeto de cualquier tipo de relación. El individuo se convierte así en un náufrago solitario, sin contexto, condiciones históricas ni relaciones sociales.

¿EL SER HUMANO TIENE UNA ESENCIA?

Desde que la especie humana puede levantar la cabeza más allá de sus necesidades inmediatas de subsistencia, comienza a interrogarse sobre el Universo y sobre sí misma. Esa inquietud que la acompaña desde su niñez hasta hoy, en todos los pueblos y culturas, se va cristalizando con los siglos en la disciplina que hoy se conoce como filosofía. Uno de sus tantos interrogantes consiste en preguntar *¿cuál es la esencia del ser humano?*

Esa pregunta —centrada en la antropología filosófica— quita el sueño a la mayoría de los filósofos.

Dentro de la filosofía, el punto de vista histórico de Marx inaugura una nueva época. En lugar de discutir en el aire *¿qué es el ser humano?*, proponiendo definiciones descontextualizadas y abstraídas de la historia, Marx sugiere que "la esencia humana no es algo abstracto inherente a cada individuo. Es, en su realidad, el conjunto de las relaciones sociales". Si la "esencia" es social y la sociedad cambia con la historia, pues la esencia también va cambiando.

REVOLUCIÓN EN LA FILOSOFÍA

Las *Tesis sobre Feuerbach* producen un giro radical en la historia de la filosofía. No sólo por las respuestas nuevas que aportan sino porque descentran las viejas preguntas de la disciplina. A partir de este texto ya no se pueden seguir abordando los viejos problemas *(¿cómo conozco?, ¿qué es lo verdadero y lo falso?, ¿qué debo hacer?, ¿qué es lo bello?, ¿debo obedecer?, etc.)* en forma separada e independiente de la historia, la sociedad, la política y la ideología. El planteo que inaugura Marx trastoca todos los saberes y promueve una reunificación de las ciencias sociales. Por eso, todavía hoy, Marx genera tanta incomodidad en las Academias oficiales que siguen parcelando el saber en una filosofía separada de la historia, una antropología escindida de la sociología, una economía aislada de la ciencia política, etc.

A partir de este texto de 1845, la filosofía no desaparece del pensamiento de Marx, sino que se funde con otras disciplinas: la sociología, la antropología, la historia, la crítica de la economía política, etc. No es cierto —como sostienen muchos manuales de marxismo— que el joven Marx es "un filósofo" y el viejo Marx "un científico". En su obra no se pueden escindir la filosofía y la ideología de la economía, la teoría de la política, la ciencia de la ética.

LA IDEOLOGÍA ALEMANA

El 25 de enero de 1845, Guizot, ministro del interior de Luis Felipe de Orleáns (1773-1850), expulsa de Francia a Marx y sus amigos. El "rey burgués" —como se conoce a Luis Felipe— llega a exclamar: "¡Hay que purgar París de filósofos alemanes!". Marx y su familia marchan a Bruselas (donde viven tres años). Allí se les suma Engels. Juntos, entre septiembre de 1845 y agosto de 1846, escriben *La Ideología Alemana* (publicada póstumamente recién en 1932, junto con los *Manuscritos económico-filosóficos de 1844*).

Aunque ambos tratan de encontrar un editor durante dos años, ninguno se anima a publicar *La Ideología Alemana*. Marx confiesa: "abandonamos a las ratas nuestro manuscrito tanto más confiadamente que cuanto habíamos logrado nuestro propósito principal: aclararnos a nosotros mismos nuestras propias ideas". En las 700 páginas, Marx y Engels polemizan contra tres frentes al mismo tiempo: 1) el materialismo de Ludwig Feuerbach, 2) el idealismo de Bruno Bauer y los neohegelianos, 3) el socialismo utópico alemán.

CONCEPCIÓN MATERIALISTA DE LA HISTORIA

Al prolongar las *Tesis sobre Feuerbach*, *La Ideología Alemana* inaugura una nueva concepción de la historia: "Reconocemos —afirman Marx y Engels— solamente una ciencia, la ciencia de la historia. La historia, considerada desde dos puntos de vista, puede dividirse en la historia de la naturaleza y la historia de los hombres. Ambos aspectos, con todo, no son separables. (...) No tocaremos aquí la historia de la naturaleza, las llamadas ciencias naturales; abordaremos en cambio la historia de los hombres".

Esa nueva teoría analiza las distintas épocas históricas: sus diversos modos de producción y relaciones sociales a través de los cuales los seres humanos producen y reproducen su vida material y espiritual. Marx y Engels demuelen todas las filosofías especulativas y metafísicas de la historia que consideran a ésta como si fuera una persona autónoma. La historia, por sí misma, no hace nada. Somos los seres humanos los que hacemos la historia a partir de la lucha de clases y del contexto social en el que nos movemos.

LA TEORÍA DE LA IDEOLOGÍA

En *La Ideología Alemana*, Marx y Engels fundan las bases de la teoría crítica de las ideologías: "Si en toda la **ideología**, los hombres y sus relaciones aparecen invertidos como en una cámara oscura, este fenómeno responde a un proceso histórico de vida". Con esta teoría desmontan los procesos sociales que deforman la verdad o mistifican y obstaculizan el conocimiento.

En el marxismo, el término **ideología** tiene dos significados distintos. (1) Ideología = concepción del mundo. En un sentido amplio, **ideología** es todo tipo de saber teórico que implica al mismo tiempo valores y conductas prácticas. Cada ideología representa intereses de las clases sociales en lucha. En este sentido preciso, existe una ideología socialista (que expresa los intereses de los trabajadores) y una burguesa (que defiende los intereses de la burguesía). (2) ideología = falsa conciencia. En su significado restringido, **ideología** remite a la visión invertida y deformada de la realidad, al error sistemático e inconsciente que se introduce en el conocimiento cuando la defensa del statu quo impide conocer la verdad tal cual es. En este otro sentido, el término "ideología" tiene un significado negativo y peyorativo, opuesto a la verdad. El marxismo es, entonces, una ideología en sentido amplio (1), que critica a las ideologías en sentido restringido (2). Una concepción del mundo que cuestiona la falsa conciencia burguesa y su inversión de la realidad.

MISERIA DE LA FILOSOFÍA

Además de albergar a socialistas utópicos y comunistas, Francia es la cuna de uno de los fundadores del anarquismo: Pierre-Joseph Proudhon (1809-1865). En París, Marx mantiene con él largas jornadas de discusión. Desde Bruselas, lo invita infructuosamente a ser corresponsal del Comité de Correspondencia Comunista. Este autor publica *Sistema de las contradicciones económicas o Filosofía de la miseria* (1846). Marx, desde la misma Bruselas, le responde con *Miseria de la filosofía* (1847).

En una carta a P. V. Annenkov del 28/12/1846, Marx afirma que Proudhon: "confecciona un débil hegelianismo para producir la impresión de ser un arrojado pensador". En *Miseria de la filosofía* Marx le reprocha que: "El señor Proudhon no tiene de la dialéctica de Hegel más que el lenguaje". Gran parte de su polémica gira en torno al método dialéctico. Al no entender la dialéctica y su concepción historicista, Proudhon no capta que la producción artesanal —que él idealiza— y el intercambio mercantil entre propietarios de mercancías no son eternos. De Hegel, Proudhon adopta la lógica, pero desencajada de la historia.

¿POR QUÉ HAY QUE ORGANIZARSE?

En *Miseria de la filosofía*, Marx critica a los economistas burgueses y no les contrapone una supuesta "economía de izquierda" sino... el socialismo y el comunismo. Pero no en abstracto. A diferencia del comunismo puramente teórico de Alemania, Marx plantea la necesidad de la organización. Sin ella, todo queda en deseos y buenas intenciones. O, a lo sumo, en repentinas, efímeras y pasajeras explosiones de ira por parte del pueblo que no se sedimentan a lo largo del tiempo y, así como vienen... se diluyen.

Ya desde 1846 Marx promueve, desde Bruselas, la fundación del Comité de Correspondencia Comunista, un germen de organización obrera destinado a coordinar militantes de diversos países. Contrariamente a la leyenda que se ha construido sobre Marx y Engels —supuestos sabios "puros" de gabinete y torre de marfil—, ambos trabajan codo a codo junto con los trabajadores, en la paciente construcción de una organización revolucionaria.

LA LIGA DE LOS COMUNISTAS

Marx se vincula con células revolucionarias mediante el Comité de Correspondencia Comunista. Sus corresponsalías no son simples "contactos" periodísticos, sino gérmenes de células de una red internacional. En Inglaterra, el germen de partido obrero se aglutina en el cartismo (que actúa desde 1838 hasta 1848). Marx se vincula con sus dirigentes. A nivel internacional, los trabajadores europeos constituyen la organización Fraternal Democrats. La Liga de los Justos (iniciada en París en 1836 por artesanos alemanes) forma parte de ella. Aquella Liga (inicialmente se denominaba Liga de los Fuera de la Ley) pasa a llamarse luego Liga de los Comunistas.

En enero de 1847 la Liga Comunista de Londres envía a Bruselas al obrero relojero de Colonia Joseph Moll (1812-1849) para invitar a Marx y Engels a integrarse a la organización. Les anuncian un futuro congreso en Londres. Allí se aprueba la redacción de un manifiesto. Ellos aceptan gustosos la incorporación. En la Liga Comunista se entrecruzan obreros como Carl Schapper (1812-1870), Heinrich Bauer y Joseph Moll e intelectuales como Marx (en Bruselas) y Engels (en París).

¿TODOS LOS HOMBRES SON HERMANOS?

En los debates con los **Fraternal Democrats**, organización de la que forma parte la **Liga de los comunistas**, Marx propone cambiar la consigna "Todos los hombres son hermanos" por la hoy más célebre "Proletarios de todos los países, uníos". La Liga tiene dos congresos en Londres. El primero, en el verano de 1847. Marx no asiste. El representante por Bruselas es Wilhelm Wolff (1809-1864), a quien Marx dedica el primer tomo de *El Capital*. Engels viaja por los comunistas de París. En ese congreso se acuerda, democráticamente, elaborar una "profesión de fe comunista", el manifiesto-programa de la Liga. Las diferentes regiones presentan su proyecto al congreso siguiente.

Como Marx se retrasa con *El Manifiesto Comunista*, el comité central de la Liga le envía la resolución adoptada el 24/1/1848. La firman tres obreros: "El comité central, por la presente, encarga al comité regional de Bruselas que comunique al ciudadano Marx que, si el manifiesto del partido comunista, del cual asumió la redacción en el último congreso, no ha llegado a Londres el 1° de febrero del año actual (1848), se tomarán las medidas pertinentes contra él. En el caso de que el ciudadano Marx no cumpliera su trabajo, el comité central solicitará la inmediata devolución de los documentos puestos a disposición de Marx. En nombre y por orden del comité central: Schapper, Bauer, Moll".

¿LA CONCIENCIA "DESDE AFUERA"?

Existe una leyenda —elaborada, entre otros, por Karl Johann Kautsky (1854-1938), líder de la socialdemocracia alemana a principios de siglo XX, y por el filósofo Louis Althusser (1918-1990) durante los años sesenta— que describe a Marx como un científico puro, totalmente aislado y ajeno a la clase trabajadora, "que le lleva **desde afuera** su saber a los obreros". El Marx real es bien distinto: es un militante de partido. Superando el ámbito de la mera reivindicación económica, Marx discute sus propuestas políticas **desde adentro** del movimiento social de la clase trabajadora.

En su voluminosa correspondencia, Marx siempre le habla a sus compañeros de "nuestro partido", refiriéndose al gran partido orgánico de la clase obrera, más allá de las muchas siglas y las pequeñas fracciones en que se subdivide la izquierda. Por ejemplo, en una oportunidad, su amigo el poeta Ferdinand Freiligrath (1810-1876) le hizo a Marx un reproche sobre la estrechez partidaria de una organización política puntual de Inglaterra. En una carta del 29/2/1860, Marx le responde: "Yo siempre he entendido por partido, el partido en el gran sentido histórico de esta palabra".

LA CULTURA REVOLUCIONARIA

Para el marxismo, la cultura constituye una dimensión fundamental de la lucha revolucionaria. En la cultura se dirimen —hoy en día, en el siglo XXI, más que nunca— los conflictos ideológicos que enfrentan a las clases sociales. No es casual que, en tiempos de Marx, una de las
primeras actividades que los obreros encaran a la hora de construir su organización es la
creación de una Universidad Popular y una Asociación Cultural de los trabajadores. En todo
el mundo, las instituciones de cultura autónoma de los trabajadores preceden, alientan y
acompañan la génesis de las incipientes organizaciones revolucionarias.

En tiempos de Marx, las actividades cotidianas de las asociaciones de cultura obrera y las
universidades populares consisten en organizar bibliotecas y clases de historia, filosofía, economía, teatro, idiomas, geografía, dibujo, física, canto y danza. Al mismo tiempo se organizan discusiones, conferencias y círculos de estudio sobre la teoría comunista. En esas primeras organizaciones culturales autónomas de los trabajadores, las mujeres se incorporan de
manera activa a la política (mientras que en la sociedad burguesa oficial de la época son re-
cluidas en la cocina y el hogar).

MARX Y EL FANTASMA DE SHAKESPEARE

El *Manifiesto del Partido Comunista* —traducido a decenas de idiomas— es uno de los libros más leídos de toda la historia de la humanidad. Se publica en febrero de 1848, dos semanas antes de que estalle la insurrección en Europa. Desde entonces se han editado millones de ejemplares. Su influjo cultural de masas sólo es comparable con *La Biblia*, *El Corán* o la *Torá* (antiguo testamento). Empieza así: "Un **fantasma** recorre Europa: el fantasma del comunismo. (...) Ya es hora de que los comunistas expresen a la luz del día y ante el mundo entero sus ideas, sus tendencias, sus aspiraciones, saliendo así al paso de esa leyenda del **fantasma comunista** con un manifiesto de su partido".

En *El 18 Brumario de Luis Bonaparte* (1852) Marx afirma: "Y cuando **la revolución** haya llevado a cabo esta segunda parte de su labor preliminar, Europa se levantará, y gritará jubilosa: ¡bien has cavado, **viejo topo**!". En *El Capital* (1867), Marx describe el valor de las mercancías como "un **espectro**".

¿Comunismo = fantasma? ¿Revolución = topo? ¿Valor = espectro? ¿De dónde provienen estas imágenes fundamentales en el pensamiento de Marx? Del *Hamlet* (1601) de William Shakespeare. Las páginas más logradas de la pluma marxiana están impregnadas por el perfume inconfundible del teatro de Shakespeare. En particular, *El Manifiesto Comunista*. Aunque el contenido es de Engels y Marx, su redacción final corre a cargo de este último.

EL MANIFIESTO Y LA LUCHA DE CLASES

En *El Manifiesto,* Marx y Engels abren la sección titulada "Burgueses y proletarios" con la célebre fórmula: "La historia de todas las sociedades hasta nuestros días es la historia de las luchas de clases". ¿Un invento de Marx? Cuatro años antes, en 1844, Marx se propone escribir un libro sobre la Convención, el ala radical de la Revolución de 1789. Nunca lo concreta. Pero le sirve para internarse en la historiografía sociológica francesa. De ella adopta la teoría de la lucha de clases. Ni ésta ni el comunismo son creaciones de Marx, como erróneamente se afirma en varias enciclopedias.

Según Marx, la clase genuinamente revolucionaria de la sociedad moderna —la clase obrera— se constituye como tal en la medida en que toma conciencia de su antagonismo y contradicción con la clase capitalista. Esa conciencia de clase nunca surge automáticamente. Es producto del conflicto y la confrontación. Así se forma y se desarrolla en la historia.

¿EL ESTADO... "SOMOS TODOS"?

Como un detective, Marx hace observable lo oculto: toda la sociedad se divide en explotadores y explotados. La "paz" y la supuesta armonía de la superficie son ficticias. En lo profundo, lo que realmente existe es la lucha de clases. La polarización clasista atraviesa la historia. Si su genealogía abarca milenios, Marx identifica en la modernidad dos grandes actores de ese drama: la burguesía y el proletariado. El Estado no es neutral ni ajeno al conflicto: es una maquinaria de guerra del capital contra el trabajo, de los opresores contra los oprimidos. Según *El Manifiesto*, no es verdad que "el Estado somos todos".

La violencia del Estado no es casual ni accidental. Es sistemática, racionalmente planificada y oficialmente organizada. Cuenta con decenas de miles de profesionales armados, dispuestos a matar y entrenados para reprimir al pueblo. La violencia del Estado es una violencia de arriba contra los de abajo. Aunque en la TV se dice que esa máquina de violencia tiene por objetivo "defender al país de ataques externos" (otros Estados), en realidad, el enemigo del Estado y de la violencia de arriba está dentro del país. Es el pueblo, fundamentalmente la clase trabajadora y especialmente su sector más rebelde, la juventud.

¿LLEGAR AL GOBIERNO = PODER?

Resulta peligroso confundir gobierno y poder. Llegar al gobierno no significa llegar al poder. El Estado burgués cuenta con instituciones represivas permanentes (que no cambian con un gobierno de derecha o de izquierda, liberal o socialista). Esas instituciones no están sujetas a votación. Sirven para garantizar el "orden normal" de la sociedad capitalista y la dominación de la burguesía: el Ejército, la Fuerza Aérea, la Marina, las diversas policías, los servicios de inteligencia, los jueces, los tribunales, las cárceles.

En el mejor de los casos, el pueblo pueda votar un gobierno (incluso de izquierda y socialista), un presidente, diputados y senadores. Pero el pueblo jamás vota si debe existir o no un Ejército, servicios de inteligencia, cárceles, tribunales o policía. ¡Eso no se vota! ¡Eso no está sujeto a elección alguna! Son instituciones permanentes para la dominación que cuentan con miles y miles de profesionales entrenados en ejercer la violencia.

¿CÓMO IDENTIFICAR LA DOMINACIÓN?

El contenido de clase del Estado, permanente y no sujeto a votación, se ejerce a través de diversas formas políticas. Excepto en una dictadura abierta, por lo general el Estado burgués no muestra abiertamente sus colmillos. Se disfraza de cordero. Habiendo aprendido de la victoriosa Revolución burguesa de 1789, habla en nombre de "la patria" y de "todos los ciudadanos", nunca de los empresarios y banqueros que realmente defiende. Si el Estado burgués logra ser eficaz, nunca defiende a un patrón individual, sino los intereses de la burguesía en su conjunto. Marx señala en *El Manifiesto Comunista* que: "el Estado no es más que una junta de negocios **comunes** de la burguesía moderna". Cuanto más "comunes" son los negocios que defiende, menos necesita de la violencia de sus instituciones represivas que, en ese caso, se mantienen latentes (como amenaza).

La dominación específicamente moderna supera las imperfecciones de un monarca absolutista o una dictadura militar. Cuanto más genérica y despersonalizada es la dominación, cuanto más anónima y universal, tanto más difícil resulta resistirse a ella. Comprender que Pinochet o Hitler son los máximos dictadores al servicio de los capitalistas resulta mucho más fácil que identificar el contenido de clase de un Estado burgués republicano "normal". Pensando en esa dificultad, Marx y Engels afirman en *El Manifiesto* que: "**la burguesía,** después del establecimiento de la gran industria y el mercado universal, conquistó finalmente la hegemonía exclusiva del **poder** político en el **Estado representativo moderno**".

VICIOS PRIVADOS, VIRTUDES PÚBLICAS

En 1843 Marx cuestiona la "Declaración de los derechos del hombre y el ciudadano" de la Revolución Francesa. El "ciudadano" corresponde a la esfera política de lo universal, lo público y lo altruista. El "hombre", en cambio, expresa al individuo privado, egoísta y replegado sobre el mercado. Esa escisión es típica de la modernidad burguesa. Cinco años después, en *El Manifiesto Comunista* prolonga su reflexión sobre la escisión entre lo público y lo privado, pero ahora criticando sin piedad la doble moral y el **doble discurso** de la burguesía. Dice una cosa y hace otra.

La burguesía necesita legitimar su explotación y su dominación con un discurso moralista, pacato y recatado. El control del cuerpo en la fábrica se prolonga al control del cuerpo en el "tiempo libre". Necesita predicar la abstinencia de alcohol y de sexo para ahorrar la energía obrera y consumirla en la producción. Esa retórica moralizante convive en la vida cotidiana con una permanente **doble vida**. Con escalpelo de cirujano, *El Manifiesto* va desnudando **la hipocresía burguesa en la moral y en el sexo** que aflora por doquier, colándose por todos los poros. Tanto en la época del puritanismo, en la Inglaterra victoriana del siglo XIX, como en el discurso tradicionalista de la Iglesia católica oficial de nuestros días.

¿EUROCENTRISMO?

Desde joven, Marx se opone a los moldes y recetas de toda filosofía de la historia (principalmente a la de Hegel, para quien la historia se tenía que ajustar a una idea preconcebida y el centro era siempre Occidente). No obstante, *El Manifiesto* realiza afirmaciones que lo acercan peligrosamente a esa filosofía criticada. En tono occidentalista y eurocéntrico, Marx dice: "Merced al rápido perfeccionamiento de los instrumentos de producción y al constante progreso de los medios de comunicación, la burguesía **arrastra a la corriente de la civilización a todas las naciones, hasta las más bárbaras. (...)** Del mismo modo que ha subordinado el campo a la ciudad, **ha subordinado los países bárbaros o semibárbaros a los países civilizados,** los pueblos campesinos a los pueblos burgueses, **el Oriente a Occidente"**.

Como en *El Manifiesto*, Marx sostiene en 1850 que: "El oro californiano se vierte a raudales sobre América y la costa asiática del Pacífico y arrastra a los **reacios pueblos bárbaros** al comercio mundial, a **la civilización**". Estos fragmentos chocantes expresan una tensión interna en su pensamiento. En 1848, Marx ubica en Occidente "la corriente de la civilización" y en los pueblos no occidentales "la barbarie" y "el idiotismo rural". En eso consiste el eurocentrismo. No casualmente León Trotsky afirma que: "El *Manifiesto Comunista* no contiene ninguna referencia a la lucha de los países coloniales y semicoloniales por su independencia". Más tarde, Marx rompe amarras con el eurocentrismo y modifica radicalmente este punto de vista. Inexplicablemente, en muchas enciclopedias y manuales de marxismo, no se menciona ni se hace referencia a su posterior cambio de mirada.

EL OPTIMISMO Y LA MODERNIDAD

Cuando en 1848 estalla la insurrección europea, Marx es arrestado y deportado de Bruselas. Pasa por París y se instala en Colonia, donde publica *La Nueva Gaceta del Rin*. Sigue los levantamientos obreros con un optimismo desbordante. Nada más lejos suyo que la imagen del "científico puro y frío". Con entusiasmo, *El Manifiesto Comunista* condensa un elogio no disimulado de la modernidad.

El Manifiesto celebra la crisis de los valores medievales y la generalización del valor de cambio. Eso posibilitará, según Marx, una comprensión directa y racional de la explotación. El capitalismo y el mercado barren los velos ideológicos y los sentimentalismos del Medioevo. Aunque Marx es un crítico radical del capitalismo, reconoce el carácter contradictorio de la modernidad como posibilidad para la futura emancipación. Marx conjuga, en su visión dialéctica, la herencia optimista de la Ilustración racionalista del siglo XVIII (o "filosofía de las Luces") con la protesta del Romanticismo. Ambos conviven y se entrecruzan en su concepción. Algunas veces de modo integrado, muchas otras tensionado. Veinte años después, en "El fetichismo de la mercancía y su secreto" de *El Capital*, Marx radicaliza la crítica de la modernidad y abandona todo optimismo ingenuo.

CULTURA GLOBAL Y MEDIOS DE COMUNICACIÓN

En lugar de rechazar o legitimar la modernidad en su conjunto, Marx explica su carácter contradictorio. Así analiza la revolución en los medios de comunicación. Mucho antes de que exista Internet y se ponga de moda la palabra "globalización", *El Manifiesto Comunista* describe: "la navegación de vapor, el ferrocarril, el telégrafo eléctrico. (...) A veces los obreros triunfan; pero es un triunfo efímero. El verdadero resultado de sus luchas no es el éxito inmediato, sino la unión cada vez más extensa de los obreros. Esta unión es propiciada **por el crecimiento de los medios de comunicación.** (...) La gran industria ha creado el **mercado mundial,** ya preparado por el descubrimiento de América. El mercado mundial aceleró prodigiosamente el desarrollo del comercio, de la navegación y de los medios de transporte por tierra".

Nada más actual que esta descripción de *El Manifiesto*: "En lugar del antiguo aislamiento de las regiones y naciones que se bastaban a sí mismas, se establece un intercambio universal, **una interdependencia universal de las naciones. Y esto se refiere tanto a la producción material como a la producción intelectual**". Aquí está ya comprendida la aldea global, tan en boga en el mundo de Internet y el capital internacional, pero... ¡escrito hace ciento cincuenta años!

LA GLOBALIZACIÓN

A pesar de que por esos años todavía es demasiado optimista y, por momentos, hasta un poquitín eurocéntrico, Marx es plenamente consciente de que su mundo no es aún todo el mundo. A su habitual agudeza e ingenio no se le escapan las limitaciones de su época. Por ejemplo, el 27/2/1852 le escribe a su amigo comunista Josef Weydemeyer (1818-1866), recién emigrado a los Estados Unidos: "¡Magnífico momento para venir al mundo! Cuando pueda irse en siete días de Londres a Calcuta, tú y yo estaremos ya decapitados o dando ortigas. ¡Y Australia, y California y el Océano pacífico! Los nuevos ciudadanos del universo no acertarán a comprender cuán pequeño era nuestro mundo".

Marx comienza a desanudar los primeros hilos y lazos sociales que sólo hoy han terminado de tejerse a nivel mundial. Llega a la conclusión de que por primera vez en la historia "el mundo comienza efectivamente a ser redondo". Ningún escritor burgués capta con semejante precisión el núcleo central del movimiento histórico que Marx tiene ante sus ojos.

CAPITALISMO A NIVEL MUNDIAL

El capitalismo constituye una manera de organizar la sociedad a escala mundial. Aunque nace históricamente en Europa occidental, se estructura desde su inicio como una sociedad en permanente expansión. No puede existir sin conquistar día a día, año a año, nuevos territorios geográficos y nuevas relaciones sociales al interior de los ya conquistados.

La globalización actual no es completamente nueva. Es, más bien, una nueva fase de un proceso mucho más antiguo. Ya desde fines del siglo XV y comienzos del XVI, a partir de los viajes de Colón y sus "colegas", el mundo se empieza a unificar. Todo ese proceso que acompaña la expansión europea se realiza de manera caótica, despótica, brutal: está atravesado por masacres, conquistas, esclavitud de pueblos enteros y genocidios. Pero no se puede desconocer que en esa época ya comienza una cierta unificación del mundo, una expansión del incipiente capitalismo occidental, en la que se produce un aplastamiento brutal de las sociedades periféricas. *El Manifiesto Comunista* realiza una primera explicación —que *El Capital* profundiza y desarrolla— mucho antes de que las actuales industrias culturales del sistema comenzaran a insistir con el término "globalización", hoy a la moda.

POR LA REVOLUCIÓN MUNDIAL

Discutiendo y militando junto con numerosos grupos y organizaciones proletarias —no encerrado en ningún laboratorio aislado— Marx llega a esta conclusión: si el capital se mundializa, la resistencia también. Las burguesías operan a nivel internacional, cotizan en mercados internacionales, invierten en otros países, hacen alianzas y fusiones más allá de sus fronteras. Sin embargo, no se cansan de predicar a sus propios trabajadores la defensa de "la patria", "el ser nacional" y cosas parecidas. Mientras reclaman a la clase trabajadora que se limite a actuar sólo dentro de la política nacional, ellos son internacionalistas convencidos. ¿Acaso la dictadura de F. Franco en España no operó junto a la Alemania de A. Hitler? ¿Acaso el dictador argentino J. R. Videla y el chileno A. Pinochet no trabajaron en común con los Estados Unidos? Marx propone, entonces, una organización internacional de los trabajadores que coordine las luchas por la revolución mundial.

En su obra *La Unión obrera* (1840), la pensadora feminista y socialista Flora Tristán sugiere, probablemente por primera vez en la historia, la conformación de una organización internacional de trabajadores. Marx y Engels se hacen eco de esta propuesta y la elevan a programa teórico. Si el capital domina a nivel global, la revolución también debe ser mundial, aunque se desarrolle en cada país según sus propias características y tradiciones.

LOS SEPULTUREROS

En consonancia con su visión dialéctica de la modernidad, Marx destaca en primer plano el papel contradictorio de la burguesía moderna. Si por un lado desarrolla el capitalismo y expande universalmente sus relaciones sociales, al mismo tiempo se cava su propio foso, posibilitando la aparición de sus propios "sepultureros".

Al calificar a los trabajadores como "sepultureros del capitalismo", Marx los identifica como el sujeto colectivo de las transformaciones futuras. El socialismo y el comunismo no surgirán por arte de magia, por obra y gracia de una bella idea, sino por medio de la lucha proletaria. Ésa es una de las principales discrepancias entre lo que Marx denomina "comunismo crítico" y aquellas corrientes que Engels cuestiona como "socialismo utópico". Los trabajadores son el sujeto. Pero, a diferencia de la *Introducción* de 1843, en la que son sujeto "porque resumen todos los padecimientos", en 1848 lo son por el papel que juegan en la lucha de clases.

LA REVOLUCIÓN PERMANENTE

Las diversas insurrecciones de 1848 son aplastadas. Marx las sigue de cerca desde Colonia. Allí publica la *Nueva Gaceta del Rin*. Tácticamente, mantiene momentáneo diálogo con demócratas y republicanos opositores al régimen prusiano. Pero en Alemania, como en toda Europa, la burguesía liberal traiciona la revolución y pacta con la reacción. Marx rompe todo diálogo con ellos. Expulsado de Alemania, intenta moverse con Engels, pero son arrestados y deportados. Marcha nuevamente a París (bajo el seudónimo de M. Ramboz). Luego de tres meses, la policía le ordena marcharse del país en 24 horas. Llega exiliado a Inglaterra —donde vivirá hasta su muerte—, el 24 de agosto de 1849.

LENIN Y TROTSKY, POR DIEGO RIVERA.

Desde Londres, en marzo de 1850, el comité central de la Liga de los Comunistas envía a su sección alemana una circular redactada por Marx. En ella se cuestiona toda visión difusa del comunismo. A contrapelo de las caricaturas reformistas que se han hecho de su persona —para contraponerlo a Lenin, Trotsky, los bolcheviques, el Che Guevara y todos los revolucionarios del siglo XX—, Marx reclama allí una organización centralizada, revolucionaria, de clase. Legal y clandestina al mismo tiempo; que apoye y encabece la violencia popular —de abajo— contra la violencia burguesa —de arriba—. Marx termina su mensaje recomendando a los revolucionarios: "la tarea de organizar con toda independencia el partido del proletariado. Su grito de guerra debe ser: la revolución permanente".

DERROTA Y EXILIO EN LONDRES

Marx y su familia se quedan en Londres. Luego de un breve período, Engels marcha a Manchester a la sucursal paterna de Ermen & Engels. La esperanza optimista de un inminente triunfo proletario en toda Europa no se concreta. Ambos quedan políticamente aislados. En Francia se consolida durante veinte años Carlos Luis Bonaparte (1808-1873), llamado Napoleón III, y en Alemania, Otto von Bismarck-Schönhausen (1815-1898). Marx aprovecha el reflujo revolucionario para investigar. Se pasa todo el día —de 9 a 19 horas— en el Museo Británico. Inglaterra, centro mundial del capitalismo y el colonialismo, se transforma en su "laboratorio mental".

La familia Marx vive en la pobreza extrema y en uno de los barrios más humildes. Marx pide prestado a sus compañeros. Su esposa Jenny empeña toda la ropa y hasta las sábanas. Cuando muere uno de sus hijos, la familia duerme en el suelo con el pequeño cadáver en la cama (no tienen para el ataúd, tampoco habían tenido para la cuna). De los seis hijos que nacen de Marx con Jenny, tres mueren pequeños o todavía bebés: Edgar (Musch) (1847-1855), Guido (1849-1850) y Franziska (1851-1852). Las otras tres hijas son: Jenny (1844-1883), Laura (1846-1911) y Eleanor (Tussy) (1855-1898). Fuera del matrimonio, Marx tiene con Helen Demuth (Lenchen) (1823-1890), un séptimo hijo: Frederick Lewis Demuth Marx (1851-1929).

BALANCE DE LAS DERROTAS

Entre enero y noviembre de 1850, Marx realiza un primer balance de la derrota de 1848. Lejos de lamentarse y llorar, se esfuerza por aprender. Así nace su libro *Las luchas de clases en Francia de 1848 a 1850*. A la hora de analizar la política, a lo largo de toda su obra, como en la de Engels, Francia —tanto la Revolución de 1789, como las de 1830, 1848 y 1870— ocupa el lugar de "modelo arquetípico clásico". El mismo que tiene Inglaterra en *El Capital* cuando se trata de estudiar el modo de producción capitalista y la economía burguesa. En ese texto de 1850, Marx concluye que las derrotas harán madurar a los trabajadores, transformando al "partido de la subversión en un partido verdaderamente revolucionario".

En la sesión del 15/9/1850 de la Liga de los Comunistas de Londres, Marx prolonga ese balance vaticinando que: "tendremos que pasar por 15, 20, 50 años de guerras civiles y luchas de pueblos, no sólo para cambiar la realidad, sino para cambiarnos a nosotros mismos, capacitándonos para el Poder". También en tren de balance, a los pocos años (19/8/1854) analiza en el *New York Daily Tribune* la Revolución española de 1854 que eleva al poder al general Baldomero Fernández Espartero (1793-1879): "Una de las peculiaridades de las revoluciones —afirma Marx— consiste en que, justamente cuando el pueblo parece a punto de realizar un gran avance e inaugurar una nueva era, se deja llevar por las ilusiones del pasado y entrega todo el poder y toda la influencia, que tan caros le han costado, a unos hombres que representan el movimiento popular de una época fenecida". En ambos casos, Marx apuesta a una estrategia revolucionaria a largo plazo.

ENGELS, MÜNZER Y EL CRISTIANISMO REVOLUCIONARIO

En Londres, durante el verano de 1850, Federico Engels escribe *La guerra campesina en Alemania*. Lo redacta, según su testimonio de 1870, "bajo la impresión directa de la contrarrevolución" y la derrota de 1848. Allí analiza las guerras desarrolladas entre 1524 y 1526, donde los campesinos y los plebeyos se alzan contra los señores. Engels destaca en primer lugar el papel de Tomas Münzer, líder herético que reivindica un comunismo revolucionario amalgamado con el cristianismo.

Engels diferencia al cristianismo burgués —donde ubica a Martín Lutero (1483-1546)— del cristianismo revolucionario, encabezado por Münzer. Traza un paralelo entre los cristianos revolucionarios y los comunistas. Esa misma comparación aparece en varios escritos de Engels, como su prólogo a *Las luchas de clases en Francia* de 1895. Entre otros pensadores marxistas, también la hace suya Rosa Luxemburg (1871-1919), dirigente espartaquista, judía y polaca, que llega a fundar el Partido Comunista alemán. Rosa lo plantea en su artículo "El socialismo y las iglesias" (1905).

MARXISMO Y TEOLOGÍA DE LA LIBERACIÓN

Habitualmente se atribuye al marxismo una oposición cerrada contra cualquier opción religiosa. A ello contribuye el conservadurismo del Vaticano y otras Iglesias. Sin embargo, desde la Revolución cubana de 1959 —encabezada por Fidel Castro y el Che Guevara— hasta hoy, en América Latina se desarrolla una importantísima corriente de cristianos por la revolución y el socialismo, cuyo símbolo máximo es el sacerdote colombiano Camilo Torres Restrepo (1929-1966). Cura y sociólogo, Camilo muere combatiendo como guerrillero del Ejército de Liberación Nacional (ELN), de orientación marxista y guevarista.

Gustavo Gutiérrez (1928), sacerdote jesuita peruano, publica en 1974 un libro fundador: *Teología de la liberación – Perspectivas*. En 1969 ya había publicado con Rubem Alves. Otros teóricos de esta corriente, que fusionan marxismo y cristianismo, son Hugo Assmann, Leonardo y Clodovis Boff, Frei Betto, Jon Sobrino, Enrique Dussel, Franz J. Hinkelammert, Pablo Richard, etc.

PRIMEROS CUADERNOS SOBRE TECNOLOGÍA

En mayo de 1851 los comunistas de Colonia sufren arrestos masivos y procesos judiciales, que provocan la disolución de la Liga de los Comunistas. Marx se solidariza activamente. Pero el exilio lo aísla en Londres. En enero de 1851 comienza una frenética, obsesiva e infatigable gimnasia de investigación. Para estudiar el capitalismo, en el Museo Británico lee cotidianamente incontables libros (de D. Hume y J. Locke, A. Smith y D. Ricardo, Carey y Malthus, entre otros), retomando los trabajos parisinos de 1844. Extracta fragmentos, los reproduce, los comenta y redacta sus conclusiones con letra diminuta. En total, deja más de ciento ochenta cuadernos escritos.

Entre septiembre y octubre de 1851, Marx extracta obras de J. H. Pope sobre la tecnología. Entre otras: *La mecánica del siglo XVIII y de los primeros años del siglo XIX* (1807); *Manual de tecnología general* (1809); *La física especialmente aplicada a las artes* (1830); *Historia de la matemática desde la Antigüedad hasta los tiempos modernos* (1828) e *Historia de la tecnología* (1808). También el *Diccionario técnico* de A. Ure y *Contribución a la historia de los inventos* de J. Beckmann. Años antes, en carta a P. V. Annenkov del 28/12/1846, había afirmado que: "La invención y la aplicación de la maquinaria ha sido simplemente el resultado de la guerra entre obreros y patronos. (...) La manera en que son empleadas las máquinas es algo totalmente distinto de las máquinas mismas".

FRANCIA: MODELO POLÍTICO CLÁSICO

Tras la derrota de 1848, en diciembre de 1851, Francia sufre un golpe de Estado de Luis Bonaparte. Indignado, Marx redacta en tres meses *El 18 brumario de Luis Bonaparte*. Su amigo Weydemeyer edita mil ejemplares en EE. UU. con los ahorros de un sastre alemán. Allí Marx plantea que la lucha de clases viene acompañada por matices que en *El Manifiesto* no aparecían en primer plano. En la formación social francesa, Marx distingue otros segmentos sociales que, con la burguesía y el proletariado, son parte del conflicto. La burguesía sufre fraccionamientos —una de las fracciones dirige y arrastra al resto— y se tejen alianzas políticas. La lucha de clases, concluye *El 18 Brumario*, no es plana y horizontal, sino fraccionada y transversal.

Cuando la situación política "se desborda" por la indisciplina y la rebelión popular, la maquinaria republicana (partidos, Parlamento, jueces, prensa "independiente" y otras instituciones) ya no alcanza para mantener la dominación. En la crisis aguda, los viejos partidos de la burguesía ya no representan a esta clase social. Quedan girando en el vacío. Emerge otro liderazgo político: la burguesía y el "El Partido del Orden" dejan de estar representados por liberales, constitucionalistas o republicanos y pasan a estar representados por el Ejército y las Fuerzas Armadas.

¿REPÚBLICA PARLAMENTARIA = DEMOCRACIA?

En *El 18 brumario* Marx pone en duda el liberalismo y sus dicotomías habituales: "dictadura *versus* democracia"; "reacción *versus* república parlamentaria". Esa apariencia oculta la lucha de clases. La república parlamentaria constituye un **simulacro de democracia**: elecciones donde siempre hay que optar entre dos variantes de lo mismo, sin poder elegir realmente una opción política diferente. La "división de poderes" es una ficción: en realidad, existe un único poder (el poder capitalista) y un partido político único (el partido del mercado y el capital)... con varias caras distintas.

Marx sugiere que la forma de dominación política de la burguesía más eficaz y flexible es la república parlamentaria. En ella, a diferencia de la monarquía o la dictadura militar (donde domina un solo sector), es el conjunto de la burguesía el que ejerce su poder. Esta forma política —anónima, impersonal y burocrática— licua los intereses particulares de las distintas fracciones, alcanzando una especie de "promedio" de los intereses de la clase dominante en su conjunto.

LA DOMINACIÓN ESPECÍFICAMENTE MODERNA

De todas las formas de dominación política —monarquía absolutista, monarquía constitucional, dictadura militar, república parlamentaria, formas híbridas, etc.—, la que mejor neutraliza la resistencia popular es la república parlamentaria. Con ella, la burguesía logra una dominación política general. El Estado representativo moderno lleva al grado máximo de "pureza" el dominio político de clase burgués, superando las limitaciones y los sobresaltos que generan las formas políticas "impuras", incompletas y premodernas.

Al cuestionar la república burguesa, su Estado representativo y su dominio político de clase, el marxismo defiende la república de los trabajadores y la democracia socialista directa, basados en el poder obrero y sus aliados del pueblo. El poder más democrático de toda la historia —porque por primera vez expresa y defiende a las grandes mayorías— pero que, a los ojos de la burguesía y sus ideólogos, se transforma en algo "monstruoso y despótico". A esa democracia socialista, Marx la denomina de dos maneras distintas y complementarias. Por un lado, "dictadura del proletariado" sobre la elite burguesa, y por el otro, "verdadera democracia" para las mayorías populares (no para un grupo burocrático... sino realmente para las mayorías).

LA PRENSA Y LA SOCIEDAD CIVIL

La dominación política de la burguesía es cotidiana. Se ejerce desde que uno se levanta hasta que se acuesta. A cada minuto. No sólo a través de un presidente y un ejército. También en actividades "simples", aparentemente no políticas, como leer un diario, mirar la televisión, escuchar la radio, ir a la iglesia o a un club de fútbol. En esos espacios de la sociedad civil se construye y reproduce la hegemonía del sistema sobre la subjetividad obrera y popular.

Siguiendo los pistas de *El 18 brumario*, al estudiar la sociedad, el marxista italiano Antonio Gramsci (1891-1937) identifica una serie de instituciones que se complementan en la dominación: (a) las estatales: policía, ejército, cárceles, tribunales, etc. (b) las económicas: empresas, monopolios, transnacionales, etc. (c) las de la sociedad civil: escuela, universidad, partidos políticos, sindicatos, sociedades de fomento, iglesias, medios de comunicación, etc. Estos últimos juegan un papel central en la sociedad civil. El marxismo cuestiona otro mito burgués: la "prensa independiente". Cada periódico, subraya *El 18 brumario*, expresa un partido político en el terreno ideológico.

73

CRISIS ORGÁNICA, EJÉRCITO Y BUROCRACIA

Cuando el capitalismo experimenta una crisis orgánica (donde se combina la crisis económica y la crisis política a largo plazo), la burguesía "olvida" rápidamente su liberalismo y apela a formas políticas autoritarias y autocráticas. Archiva entonces los "buenos modales" y recurre, sin mayores trámites, al Ejército y a los militares. *No hay nada más parecido a un fascista que un burgués asustado*, dice una voz popular. El fascismo, el nazismo, el franquismo y las dictaduras militares latinoamericanas constituyen respuestas capitalistas frente a la crisis orgánica.

Pero la salvación del capitalismo también puede asumir formas autoritarias menos "puras", aunque sin embargo modernas. Una de ellas es el bonapartismo. Utilizando como modelo la dictadura de Luis Bonaparte (que se extiende entre 1852 y 1870), Marx emplea el término "bonapartismo" para explicar un tipo de dominación política donde el Estado y las Fuerzas Armadas aparentan independizarse de la lucha de clases, asumiendo un rol protagónico. Paralelamente, en *El 18 brumario*, Marx realiza un diagnóstico de largo aliento: en las sociedades capitalistas complejas, junto con la cristalización del Estado aumenta exponencialmente la burocracia.

LA INDIA Y EL "PROGRESO"

Para sobrevivir en Londres, Marx comienza a trabajar como periodista, colaborando a la distancia en el *New York Daily Tribune* –el periódico más leído de EE. UU.– por invitación de Charles Anderson Dana (1819-1897). Marx reconoce que es por necesidad: "El continuo estercolero periodístico me aburre. Me ocupa mucho tiempo, dispersa mis esfuerzos y, en último análisis, no es nada. (...) Las obras puramente científicas son algo completamente diferente". No obstante, esos artículos le permiten ampliar la mirada. Algunos, incluso, los incorpora luego a *El Capital*. Engels lo ayuda (redactando textos que Marx firma para cobrarlos). En total, el *Tribune* publica 487 artículos de Marx: 350 escritos por él, 125 por Engels y 12 en colaboración. Mantiene el vínculo periodístico desde 1851 hasta 1862.

Uno de esos textos es "La dominación británica en la India" (10/6/1853). Otro: "Futuros resultados de la dominación británica en la India" (22/7/1853). Allí, Marx, al prolongar su elogio de la modernidad en *El Manifiesto,* considera una señal de "progreso" el avance inglés sobre la India... Pero treinta años después, en su correspondencia con Vera Zasulich (8/3/1881), revisa completamente este erróneo juicio afirmando que: "En cuanto a las Indias orientales, todo el mundo sabe que allí la supresión de la propiedad común de la tierra no era más que un acto de **vandalismo inglés,** que empuja al pueblo indígena **no hacia adelante sino hacia atrás**". Inexplicablemente, numerosos autores desconocen esta revisión de Marx sobre el supuesto "progreso" y se quedan con el texto de 1853 como su única visión acerca del colonialismo.

SIMÓN BOLÍVAR Y MARX

En abril de 1857, Dana invita a Marx a colaborar sobre temas militares en la *Nueva Enciclopedia Americana* (comprende 16 volúmenes y más de 300 colaboradores). En total, la *Enciclopedia* publica 67 artículos de Marx y Engels, 51 de ellos escritos por Engels (con investigación de Marx en el Museo Británico). La colaboración de ambos no pasa de la letra "C". Entre otros, Marx escribe durante enero de 1858 el capítulo "Bolivar y Ponte", sobre el libertador americano Simón Bolívar (1783-1830) (publicado en el Tomo III de la *Enciclopedia*). Lo confecciona en medio de la redacción de los *Grundrisse* (primeros borradores de *El Capital*), que sólo interrumpe momentáneamente por necesidades económicas.

Marx realiza una evaluación sumamente negativa de Bolívar. No comprende su papel en la emancipación latinoamericana del colonialismo español. Probablemente, las fuentes historiográficas que utiliza —férreamente opositoras al líder independentista— tiñan su análisis. Por ejemplo, se basa en los trabajos de Ducoudray Holstein y en las *Memorias del general Miller*, de los hermanos William y John Miller. Todos ellos son soldados europeos que, por diversos motivos, habían mantenido conflictos personales con Bolívar. Hoy en día, los marxistas latinoamericanos adoptan a Bolívar, a José de San Martín (1778-1850) y a José Martí (1853-1895) como tres grandes líderes de la independencia y como antecedentes históricos de las luchas contemporáneas.

IRLANDA, CHINA Y LAS COLONIAS

Si bien Marx y Engels todavía mantienen en *El Manifiesto*, e incluso en muchos artículos de comienzos de los años cincuenta, una perspectiva en gran medida eurocéntrica y deudora de la modernidad, comienzan a revisar profundamente sus opiniones. A partir de la segunda mitad de los años cincuenta, Marx se aboca a estudiar el comercio exterior de Inglaterra y sus colonias, mientras escribe para el *Tribune* sobre diversas sociedades periféricas. Eso le permite ampliar su perspectiva y descentrar su anterior ángulo exclusivamente europeo.

Esa apertura mental lo conduce a destacar el importante papel de las colonias en la lucha anticapitalista mundial. Su nuevo punto de vista se radicaliza desde los años sesenta. Comienza escribiendo: "Una vez que Inglaterra provocó la revolución en China, surge el interrogante de cómo repercutirá con el tiempo esa revolución en Inglaterra y, a través de ésta, en Europa" (14/6/1853). Mientras China envía "desórdenes" a Europa, ésta exporta el "orden" capitalista.

ABANDONO DEL EUROCENTRISMO Y NUEVA MIRADA

Tanto Marx como Engels concluyen que la liberación de las colonias y los pueblos oprimidos es condición de posibilidad de la liberación del proletariado de las metrópolis. Ambos amigos se vuelven entusiastas y fervientes partidarios del anticolonialismo. Tampoco hay que olvidarse de que Lizzi Burns, segunda compañera de Engels, es irlandesa y mantiene estrechos vínculos con los militantes anticolonialistas de Irlanda, por cuya lucha Marx y Engels expresan una simpatía nunca disimulada.

Tanto en sus investigaciones sobre la expansión inglesa por la periferia como en sus trabajos periodísticos, Marx empieza a pensar sobre sociedades no occidentales ni europeas. Sienta así las bases para un pensamiento genuinamente internacionalista que no se limite a Europa y EE. UU. ¡Ya en vida de su fundador, el marxismo comienza a universalizarse! No obstante, en el siglo XXI, en las academias universitarias se continúa enseñando un marxismo eurocéntrico que impide estudiar el capitalismo como un sistema mundial, desconociendo los propios textos de Marx...

LOS *GRUNDRISSE*

Entre octubre de 1857 y marzo de 1858, durante seis meses febriles, Marx redacta en siete cuadernos la síntesis de las investigaciones que viene realizando desde noviembre de 1850. Allí expone sus descubrimientos. Son los primeros borradores de *El Capital*. En una carta a Engels (8/12/1857) le confiesa: "Trabajo como un loco las noches enteras en coordinar mis estudios económicos, para poner en claro al menos los **elementos fundamentales** antes del diluvio" (Marx llama "diluvio" a la crisis). Basado en esa referencia epistolar, el Instituto Marx-Engels-Lenin de Moscú (IMEL) publica por primera vez estos borradores en 1939-1941 con el título *Elementos fundamentales para la crítica de la economía política (1857-1858)*. Se los conoce como los "Grundrisse", por la primera palabra alemana de ese título.

Con la crítica de la economía política y el estudio conjunto de la explotación y la dominación en mente, Marx elabora su primer plan de investigación (del cual *El Capital* es tan sólo una pequeña parte). Lo formula en una carta del 22/2/1858 a Ferdinand Lasalle (1825-1864) y reaparece en la *Introducción* de los *Grundrisse*. Marx se propone escribir seis libros: (a) del capital, (b) de la propiedad territorial, (c) del trabajo asalariado, (d) del Estado, (e) del comercio internacional y (f) del mercado mundial. Sólo llega a escribir el (a), del cual se publica en vida el primer tomo.

HEGEL Y LA CIENCIA DE LA LÓGICA

Marx redacta la *Introducción* a los *Grundrisse* en agosto-septiembre de 1857 (K. Kautsky la publica por primera vez en 1903, en su revista *Neue Zeit* (Nuevo Tiempo)). En ella Marx vuelve a insistir con las tesis de *La Ideología alemana*: la sociedad no es una sumatoria de factores sino una totalidad de relaciones. Dentro de ellas distingue la producción, la distribución, el intercambio y el consumo. No se puede escindir ninguno de estos momentos, forman un conjunto. En la pluma de Marx emerge, de nuevo, la presencia del método dialéctico de Hegel. Marx le reconoce a Engels (14/1/1858): "En el método de elaboración del tema, hay algo que me ha prestado un gran servicio; por pura casualidad había vuelto a hojear la *Lógica* de Hegel". En la misma carta, promete resumir su método "para los hombres con sentido común".

En el Archivo del Instituto de Historia Social de Amsterdam se encuentra el manuscrito de 1860 donde Marx comienza a realizar esa síntesis-resumen, pero se interrumpe en la "doctrina de la esencia" (la segunda parte de la *Ciencia de la Lógica* de Hegel). Al analizar en 1914 este mismo libro de Hegel, Lenin escribe: "Es completamente imposible entender *El Capital* de Marx, y en especial su primer capítulo, sin haber estudiado y entendido a fondo toda la *Lógica* de Hegel". Lenin concluye este juicio con el siguiente balance: "¡¡Por consiguiente, hace medio siglo ninguno de los marxistas entendió a Marx!!". Eduard Bernstein (1850-1932), socialista moderado y reformista que se opone a las posiciones radicales de Lenin, reconoce que el núcleo del marxismo revolucionario se encuentra en la lógica de Hegel y su método dialéctico.

EL MÉTODO DIALÉCTICO

Según la *Introducción* a los *Grundrisse*, hay dos caminos para abordar el conocimiento: (a) la **investigación** y (b) la **exposición** de los resultados. En el primero (a), Marx reclama internarse en la historia de la sociedad. En el segundo (b), hay que exponer lo obtenido en forma lógica y con un orden. El método dialéctico marca el orden lógico (b) en que se exponen las categorías históricas descubiertas en la investigación (a). La **dialéctica** constituye, según Marx, la unidad de la historia (a) y la lógica (b) (donde la segunda expresa y resume a la primera). La unidad de los dos caminos, aclara, sigue la línea: **concreto-abstracto-concreto.** Parte de la realidad, de allí a la teoría y luego de nuevo a la realidad, para intentar cambiarla.

Quince años después de la *Introducción* de 1857, en el epílogo a la segunda edición de *El Capital* (24/1/1873), Marx continúa defendiendo este método. Allí dice que la dialéctica "es **escándalo y abominación para la burguesía** y sus portavoces doctrinarios, porque en la intelección positiva de lo existente incluye también la inteligencia de su negación, de su necesaria ruina; porque concibe toda forma desarrollada en el fluir de su movimiento, y sin perder de vista su lado perecedero; porque nada la hace retroceder y es, por esencia, **crítica y revolucionaria**".

¿CULTO AL FRAGMENTO O TOTALIDAD CONCRETA?

En la TV del sistema todo aparece mezclado: junto a la moda, el deporte y una matanza. En apariencia nada vale, todo está en la misma superficie. Los medios de comunicación contemporáneos hacen el culto del fragmento aislado, separado de todo contexto, sin historia previa. El televidente observa, pasivo, un torbellino de imágenes fragmentadas. Nada parece tener sentido. El método dialéctico cree que esa forma de "mostrar" el mundo, en realidad, oculta, vela y disimula. Los hechos aislados y los fragmentos sólo cobran sentido dentro de una totalidad concreta que los integra y los explica a partir de la historia.

En las universidades oficiales del sistema capitalista existen corrientes filosóficas que acompañan, celebran y festejan ese particular modo de "mostrar" el mundo de los monopolios de la comunicación. Tanto el posmodernismo como el posestructuralismo hacen el culto del fragmento aislado. No casualmente, estas corrientes —promovidas e instaladas como "moda" por los mismos monopolios que ellas defienden— cuestionan duramente al método dialéctico. Ambas rechazan la importancia que Marx le otorga a la totalidad concreta como instancia que permite articular y comprender el conjunto de las relaciones sociales del modo de producción capitalista.

LA DISCONTINUIDAD DEL TIEMPO HISTÓRICO

Luego de criticar el método de la economía política, en la *Introducción* a los *Grundrisse* Marx pega un salto y se pone a escribir... sobre el arte griego. ¿Una distracción? Obsesivo y meticuloso, Marx no se distrae. Si pasa de la crítica de la economía política al arte es porque encuentra algo en común: la discontinuidad del tiempo histórico. Su tesis sostiene que el arte griego tiene un desarrollo infinitamente superior al desarrollo tecnológico y social de la sociedad griega: la temporalidad del arte no es la misma que la de la sociedad. Dentro de cada totalidad social, hay distintos tiempos.

Esta tesis marxiana, aunque enfocada sobre el arte, es fundamental para su concepción de la historia. Según los *Grundrisse*, la historia nunca es lineal o evolutiva, ni su temporalidad es simple y homogénea, como cree el positivismo de Auguste Comte (1798-1857) y sus discípulos. Pero la historia tampoco es una sucesión caótica, azarosa y sin sentido, como cree el posmodernismo. El tiempo de la historia es discontinuo y su racionalidad sólo se comprende articulando la lógica del conocimiento humano con la historia de las relaciones sociales.

DINERO Y ENAJENACIÓN EN LOS *GRUNDRISSE*

Si *El Capital* comienza por la mercancía, los *Grundrisse* empiezan, en cambio, por la teoría del dinero. Marx analiza todas las dificultades que encierra el dinero, entendido como "equivalente general" del universo de las mercancías. Además de estudiar su papel en las crisis económicas y su función de patrón de medida de los precios, Marx retoma su análisis de 1844 sobre la alienación.

Su tesis afirma que, aunque el dinero se presenta como medio para promover la producción y la circulación de mercancías, sin embargo, se independiza, se vuelve extraño, adquiere poder autónomo y termina dominando a los productores. Con mucha más experiencia (tras haber pasado años leyendo y anotando en el Museo Británico), Marx refuerza su punto de vista: dinero = enajenación. Su conclusión, crítica de los adoradores del poder "mágico" del dinero, es la siguiente: "Cada individuo posee el poder social bajo la forma de una cosa. Arránquese a la cosa este poder social y habrá que otorgárselo a las personas sobre las personas".

EL GRAN DESCUBRIMIENTO

Los *Grundrisse* no sólo resumen lo investigado por su autor durante siete años en el Museo Británico y durante quince años en diversas bibliotecas. También exponen nuevos descubrimientos. El principal es la diferencia que Marx encuentra entre "el trabajo" y "la fuerza de trabajo". Al primero lo define como un proceso que genera un producto de intercambio y mediación entre el ser humano y la naturaleza. A la segunda, como la capacidad y potencialidad humana de trabajar.

El valor de cualquier mercancía se mide por el tiempo de trabajo socialmente necesario para producirla. El valor de la capacidad humana de trabajar se mide, entonces, por el **tiempo de trabajo socialmente necesario** para reproducirla (lo que equivale al valor total de alimento, vestido, vivienda, salud, educación, etc., necesarios para que el trabajador pueda renovar, día a día, su capacidad de trabajo). El gran descubrimiento de Marx reside en que este valor de la fuerza de trabajo es siempre menor que el valor del producto realizado por el obrero al final de la jornada. El capitalista dice que paga por el valor del trabajo realizado cuando en realidad paga por el valor de la capacidad de trabajar. La diferencia entre uno y otro es un valor excedente, que Marx denomina "plusvalor" o "plusvalía", la clave de la explotación.

CAPITALISMO, MILITARISMO Y GUERRA

El liberalismo se asienta en muchos mitos. Uno de ellos sostiene que el capitalismo se basa en la "armonía" y en la "paz". Marx, sin piedad, somete este lugar común a crítica y demuestra que, a lo largo de la historia, el capitalismo engendra permanentemente militarismo y guerra.

En los *Grundrisse*, Marx llega a afirmar que "La guerra se ha desarrollado antes que la paz". Ni la "paz" es lo normal, ni la guerra una interrupción entre dos momentos pacíficos. Por el contrario, en algunos pasajes de los *Grundrisse*, Marx sugiere que la "paz" no es más que la interrupción entre dos momentos de guerra. En el capitalismo, lo normal no es la armonía sino el conflicto. Cuando la violencia del Estado burgués, su vigilancia y disciplina, su amenaza permanente de castigo y punición, son considerados legítimas por su población, esa violencia cotidiana se vive como... "paz". La paz, entonces, no es más que el dominio estable y sin sobresaltos de la burguesía.

¿MARXISMO EVOLUCIONISTA?

Uno de los fragmentos de los *Grundrisse* más leídos y discutidos es aquel que Marx titula "Formas que preceden a la producción capitalista", conocido como *Formen*, por la primera palabra alemana de ese título. Al profundizar el abandono de todo europeísmo, en este texto Marx incursiona de lleno en la historia de sociedades no europeas ni occidentales. Pone en discusión toda visión evolucionista de la historia —según la cual, desde un centro único se desarrolla todo el resto del mundo— y analiza distintas vías alternativas y coexistentes de desarrollo histórico que conducen al sistema capitalista mundial.

En las *Formen*, como en todos los otros manuscritos de los *Grundrisse*, Marx plantea que la historia mundial no tiene un centro único situado en Europa occidental. No es cierto, afirma Marx, que para llegar al capitalismo todas las sociedades del planeta siguen un mismo esquema y derrotero, etapa por etapa (primero comunidad primitiva, luego esclavitud, más tarde feudalismo y al final, capitalismo). En realidad, las vías son diversas. En Asia, como en América, Marx identifica un modo de producción ausente en Europa Occidental: el comunal-tributario, que en Asia asume la forma de "modo de producción asiático".

INCAS, AZTECAS Y MODO
DE PRODUCCIÓN ASIÁTICO

Tanto en las *Formen* como en el *Prólogo* de 1859 a la *Contribución a la crítica de la economía política*, Marx utiliza el concepto teórico de "modo de producción asiático" (éste no aparece en la obra de Engels *El origen de la familia, la propiedad privada y el Estado* (1884)). Según Marx, el nacimiento del capitalismo como sistema mundial sigue derroteros distintos en cada región del planeta. A pesar de lo que se enseña en escuelas y universidades, nunca hubo un desarrollo lineal, homogéneo y evolutivo. Por lo tanto, la esclavitud –típica en Grecia y Roma antiguas– no es universal. El feudalismo tampoco.

Tanto en Asia como en la América precolombina, la sociedad precapitalista se organiza en forma distinta del feudalismo europeo. Así como en el Egipto antiguo el germen centralizado del Estado es el faraón y en otros lugares es el rey-dios, en Perú asume la figura del Inca. Ese poder centralizado construye grandes canales, andenes y terrazas para el riego. Cada comunidad campesina debe rendirle tributo. Entre el individuo y la tierra se interpone su comunidad y la comunidad superior encarnada en el rey-dios. Tanto las sociedades inca y azteca como las asiáticas, se organizan a partir de un modo de producción comunal-tributario, que en los *Grundrisse* Marx denomina –para el Asia– modo de producción asiático.

LA SÍNTESIS DE 1859

En enero de 1859, Marx escribe un prólogo a su *Contribución a la crítica de la economía política*. Allí, en breve síntesis, resume su experiencia política y su investigación teórica de quince años. Marx comienza recordando su crítica juvenil de 1843 a la *Filosofía del derecho* de Hegel (quien terminaba su libro subordinando la sociedad al Estado), para concluir que es el Estado el que debe explicarse por la sociedad civil, y no al revés.

Al realizar semejante síntesis, Marx emplea —como es habitual en su prosa— imágenes y metáforas. En particular, dibuja un paralelo entre la sociedad capitalista y un edificio, formado por una "base" y una "superestructura". Esa imagen metafórica generó en sus diversos intérpretes posteriores un infinito universo de problemas ideológicos y políticos que aún se siguen discutiendo.

LA METÁFORA EDILICIA Y SUS PROBLEMAS

La principal dificultad del prólogo de 1859 —famoso y siempre citado— reside en que se lo interpretó de manera lineal y unilateral. Como si la economía, la política y la ideología fueran pisos, "esferas" o "factores" completamente separados, aislados entre sí y yuxtapuestos. Es decir, como si estuvieran uno encima del otro (abajo la economía, en el medio la política y arriba la ideología), de la misma manera que un edificio tiene planta baja, primer piso y terraza. Después de Marx Y Engels, el primero que criticó esta singular interpretación del marxismo, entendido como "teoría de los factores", fue Antonio Labriola (1843-1904).

Al interpretar de esta manera el prólogo de 1859, la economía termina adquiriendo completa autonomía y "vida propia", como si en la sociedad pudiera estar separada de la política y el poder. De este modo, la economía autónoma se convierte en el demiurgo y en el "dios creador" de todo lo social. A esa interpretación habitual del marxismo, sesgada, unilateral y ajena al fundador de esta tradición política, Lenin y Gramsci la denominan "economicismo".

FUERZAS PRODUCTIVAS Y RELACIONES DE PRODUCCIÓN

En el prólogo de 1859 Marx utiliza dos conceptos centrales en su concepción de la sociedad y la historia: "fuerzas productivas" y "relaciones sociales de producción". A lo largo de la historia, las fuerzas productivas van cambiando y se vuelven cada vez más sociales, mientras que las relaciones de producción se tornan aún más privadas. Cada vez se trabaja de manera más interconectada a nivel mundial, pero el producto de ese trabajo social global le pertenece a grupos cada vez más reducidos de personas. De este modo se agudiza el conflicto antagónico entre ambos polos.

Entre la sociedad y la naturaleza existe un nexo mediador: el trabajo humano. Las fuerzas productivas incluyen en su seno los instrumentos tecnológicos de ese trabajo, las destrezas laborales históricamente acumuladas y el componente central, el sujeto social que ejerce ese trabajo sobre su entorno. A su vez, las relaciones sociales de producción constituyen aquellos vínculos intersubjetivos dentro de los cuales se ejerce ese trabajo. Ni los seres humanos trabajan sobre la naturaleza en forma aislada, ni sus relaciones sociales dependen de su gusto personal. Tienen una densidad propia. La interdependencia, la acción recíproca y la mutua determinación entre las fuerzas productivas y las relaciones sociales de producción expresan la unidad dialéctica sujeto-objeto en el seno de la historia.

El conflicto entre fuerzas productivas y relaciones de producción expresa la contradicción entre el sujeto y el objeto a lo largo de la historia. Esa tensión sólo se puede resolver a través de la política revolucionaria, cambiando la sociedad de raíz.

En una carta a P. V. Annenkov del 28/12/1846 Marx sostiene que: "Las fuerzas productivas son el resultado de la **energía humana práctica**". Un año después, en *Miseria de la filosofía*, Marx termina afirmando que: "La existencia de una clase oprimida es la condición vital de toda sociedad fundada en la contradicción de clases. La emancipación de la clase oprimida implica, pues, necesariamente la creación de una sociedad nueva. Para que la clase oprimida pueda liberarse, es preciso que las **fuerzas productivas** ya adquiridas y las **relaciones sociales** vigentes no puedan seguir existiendo unas al lado de las otras. De todos los instrumentos de producción, **la fuerza productiva más grande es la propia clase revolucionaria**". Por lo tanto: ¡la principal fuerza productiva —entendida como base de la energía humana práctica— es el sujeto! Sin su intervención activa no hay revolución.

CUADERNOS SOBRE LA TECNOLOGÍA, 1861-1863

Si en los *Grundrisse* Marx elabora la primera redacción de *El Capital,* entre 1861 y 1863 redacta la segunda versión. Junto con muchas otras reflexiones, en esos *Manuscritos de 1861-1863* Marx vuelve su atención sobre las máquinas y la tecnología, tema que ya había investigado en sus notas de lectura de 1851, redactadas cuando recién se afinca en Londres. Estos *Manuscritos de 1861-1863* fueron publicados —en alemán—, íntegramente, entre 1977 y 1982. No todos han sido traducidos al castellano.

Entre la *Contribución a la crítica de la economía política* de 1859 y los *Manuscritos de 1861-1863,* Marx pierde casi un año entero en una polémica con Karl Vogt (1817-1895). Este profesor alemán emigrado a Suiza se dedicó a difamar a Marx por toda Europa. Sus infamias tenían un origen turbio: Vogt estaba a sueldo de Luis Bonaparte. (Está comprobado por documentos oficiales de Francia —descubiertos en 1871 por los obreros de la Comuna— que en 1859 este personaje había recibido 40.000 francos por la tarea). Para responderle, Marx escribe en 1860 *Herr Vogt,* una voluminosa réplica de casi 500 páginas.

HISTORIA CRÍTICA DE LAS TEORÍAS DE LA PLUSVALÍA

Entre enero de 1862 y julio de 1863, Marx comienza a redactar su *Historia crítica de las teorías de la plusvalía*, el tomo cuarto de *El Capital* (se publica póstumamente —con recortes realizados por Karl Kautsky— entre 1905 y 1910). Allí Marx conjuga su teoría de la historia con la historia de la teoría.

Marx reconoce en su correspondencia y en su *Historia crítica de las teorías de la plusvalía* que él no descubrió el plusvalor, sino tan sólo su forma general. Dentro de la economía política, Marx diferencia a la científica de la vulgar (posterior a 1830). La distinción está en la teoría del valor. Entre los científicos incluye a William Petty (1623-1687), Adam Smith (1723-1790) y David Ricardo (1772-1823). Entre otros vulgares, a Samuel Bailey, Jean-Baptiste Say (1767-1832), Henry Charles Carey (1793-1879), Mountifort Longfield, Thomas Robert Malthus (1766-1834), John Ramsay McCulloch (1789-1864) y Frédéric Bastiat (1801-1850). A diferencia de los economistas clásicos (Smith, Ricardo), que explican la cantidad de valor de las mercancías según el tiempo de trabajo, los neoclásicos (Carl Menger, William Stanley Jevons (1835-1882), León Walras (1834-1910), Alfred Marshall (1842-1924), Friedrich Wieser y Eugen von Böhm-Bawerk (1851-1914)), vuelven a la economía vulgar. Dejando de lado el trabajo y la producción (y ocultando la explotación...), describen el valor por las apariencias cosificadas del mercado. Abordan al consumidor individual desde una psicología pre-freudiana. Los economistas del neoliberalismo (Friedrich August von Hayek (1899-1992) y Milton Friedman (1912-)) son hijos de la economía neoclásica y nietos de la vulgar. Para polemizar, Marx escribe *El Capital*, subtitulado: ***Crítica*** de la economía política.

LA CONFESIÓN

En la intimidad de su hogar, Laura, una de las hijas de Marx, le presenta a su padre un cuestionario. Las respuestas se conocen como "Confesión a sus hijas" (1860-1865). Originariamente fue manuscrito en inglés.

LA ASOCIACIÓN INTERNACIONAL DE LOS TRABAJADORES

Desde antes de la insurrección de 1848, Marx y Engels bregan por la construcción de organizaciones revolucionarias de los trabajadores. Inicialmente se suman a las existentes y luego promueven otras nuevas. Algunas de ellas son: el Comité de Correspondencia Comunista, los Fraternal Democrats, la Liga de los Justos, la Liga de los Fuera de la Ley, la Liga de los Comunistas y la Sociedad Universal de los Revolucionarios Comunistas. Con paciencia, Marx y Engels trabajan para unificar las luchas dispersas contra el capital. Pero esas iniciativas no alcanzan. Entonces, retomando una idea de Flora Célestine Thérèse Tristán (1803-1844), quien defiende en su obra *La Unión obrera* la necesidad de una organización internacional de trabajadores de carácter mundial, Marx —mientras redacta *El Capital*— impulsa en 1864 la creación de la Asociación Internacional de los Trabajadores (AIT), conocida como la Primera Internacional.

La primera reunión de la AIT —en la cual participan obreros ingleses, franceses, alemanes, italianos, polacos y suizos— se realiza el 24 de septiembre de 1864 en un local de St-. Martin Hall (Londres). Los dos países mejor representados son Inglaterra y Alemania. Marx redacta tanto su *Manifiesto Inaugural* como sus *Estatutos*. La Primera Internacional organiza cinco congresos internacionales y una conferencia y acompaña e impulsa las luchas obreras del período. Marx es su principal teórico.

LA AIT: MÁS ALLÁ DE LA ECONOMÍA

En las fases iniciales de su lucha, los trabajadores arremeten contra sus patrones particulares, no contra el capitalismo como sistema. Recién después de un largo aprendizaje político, comienza la lucha contra el conjunto de la clase capitalista y no solamente contra un "mal patrón" individual. El capitalismo únicamente podrá superarse mediante la lucha política por el poder, que va más allá de lo meramente sindical o reivindicativo. A lo largo de los ocho años de existencia de la AIT, Marx y Engels pregonan la superación del economicismo —nivel de conciencia obrera que se limita al reclamo por reformas puntuales, sin apuntar contra el sistema en su totalidad—. Para ello promueven permanentes debates con los representantes obreros de todos los países.

La AIT o Primera Internacional, fundada por Marx y Engels —entre otros— existe entre 1864 y 1872. La II Internacional, liderada en Alemania por Kautsky y en Rusia por Gueorgui Valentínovich Plejanov (1856-1918), tiene su apogeo entre 1889 y 1914. La III Internacional es fundada por Lenin en 1919 y disuelta por Stalin en 1943. La IV Internacional, fundada por Trotsky en 1938, sigue existiendo actualmente, aunque dividida en diversos segmentos. Si bien formalmente no existe una quinta Internacional, durante los últimos años se han generado diversas redes y núcleos de coordinación internacional de las resistencias contra el imperialismo y el capitalismo.

LINCOLN Y LA GUERRA CIVIL EN EE. UU.

Entre 1861 y 1865 se desarrolla en los Estados Unidos la guerra civil o de secesión que enfrenta a La Unión —abolicionista— y a la Confederación —esclavista—. En una extensa serie de artículos publicados en el *New York Daily Tribune* (de EE. UU.) y en la *Presse* (de Viena), así como también en su correspondencia con Engels, Marx analiza "la primera gran guerra de la historia contemporánea".

En nombre de la Asociación Internacional de los Trabajadores, Marx le escribe al presidente Abraham Lincoln (1809-1865) una emotiva carta (redactada entre el 22 y el 29/11/1864) donde lo felicita por la abolición de la esclavitud del pueblo negro. Así como los obreros ingleses se habían rebelado contra el gobierno británico por su escandaloso apoyo a los esclavistas del sur de EE. UU., la AIT se solidariza con los abolicionistas del norte. A los ojos de Marx, existe un estrecho vínculo entre la lucha antiesclavista en el sur de EE. UU., territorio del algodón, y la lucha por las ocho horas de la clase obrera de la industria textil británica.

APARECE EL CAPITAL

En medio de la vida política de la AIT, Marx se interna para culminar la redacción de *El Capital*. Luego de haber redactado los *Grundrisse* de 1857-58 y los *Manuscritos de 1861-63*, termina la tercera redacción del Tomo I (que había empezado en 1863) en diciembre de 1865. La revisa desde el 1/1/1866 hasta marzo de 1867, cuando culmina la cuarta redacción. En noviembre de 1866, envía al editor una parte y en abril de 1867 entrega el resto en Hamburgo. Así nace *El Capital. Crítica de la economía política* que, en vida de Marx, queda inconcluso pues su autor logra publicar solamente el primer tomo. Durante ese período —1863-1865— redacta también la primera versión de los Tomos II y III, que Engels revisará y editará después de su muerte.

El 27/4/1867 Engels le escribe a Marx: "Siempre me pareció que ese maldito libro que has tenido sobre ti tantos años era el principal culpable de todas tus desdichas, y que jamás te sentirías libre mientras no te lo quitasen de encima". Luego de revisar las pruebas de impresión, a las dos de la mañana del 16/8/1867, Marx le confiesa a su amigo: "Este tomo (el primero) está, por tanto, listo. Y esto ha sido posible gracias a ti. Sin lo que tú te sacrificaste por mí, jamás hubiera podido realizar los inmensos trabajos para los tres volúmenes. Te abrazo, lleno de agradecimiento. ¡Salud, amigo mío, mi querido amigo!".

¿DE QUÉ HABLA EL CAPITAL?

¿De qué habla *El Capital*? ¿Cuál es su objeto de estudio? *El Capital* analiza –y critica– a la sociedad capitalista. Dentro de ella, estudia aquellas regularidades (su autor las denomina "leyes") que rigen su funcionamiento y dinamismo, su estructura y su historia, su lógica y su movimiento. *El Capital* aborda el modo de producción capitalista, entendido como un conjunto de relaciones sociales históricamente determinadas, expuesto en su máxima pureza y en su núcleo esencial.

Ahora bien, el modo de producción capitalista nunca se encuentra en forma pura en la sociedad. Está combinado con diversos tipos de relaciones sociales. Esa combinación se denomina formación económico-social. Esta última nos posibilita comprender qué posee de específico e irrepetible cada sociedad y qué tiene de genérico y en común con todas las demás. El concepto de formación económico-social permite articular lo general y lo particular del capitalismo, la lógica y la historia, el género y la especie, lo común y lo irrepetible.

EXPLOTACIÓN Y DOMINACIÓN

Entre los múltiples problemas que Marx intenta abordar en *El Capital*, se entrecruzan y enlazan sus reflexiones sobre la explotación económica y la dominación política. No hay una sin la otra. Marx es, al mismo tiempo, un teórico de la explotación y la dominación.

¿Cuál es el objetivo de Marx al escribir *El Capital*? Su finalidad es política. Él pretende explicar que el capitalismo no es eterno, sino histórico, por lo tanto superable. Lo mismo sucede con las categorías económicas que lo expresan. Además, se esfuerza por demostrar que no es viable su reforma, ya que el capitalismo genera siempre más capitalismo. En ese sentido político, debe entenderse la carta a Becker del 17/4/1867, en la que Marx describe *El Capital* como "el más terrible misil que jamás se haya lanzado hasta ahora a la cabeza de los burgueses".

¿ECONOMÍA SIN PODER?

¿Es *El Capital* un tratado "rojo" de economía? ¿Hay economía sin poder? ¿Se puede escindir aquella de éste? Marx responde a estas tres preguntas de forma negativa. *El Capital* no habla sólo de economía. También reflexiona sobre el poder, la política, la lucha de clases y las relaciones de fuerzas entre grandes grupos sociales.

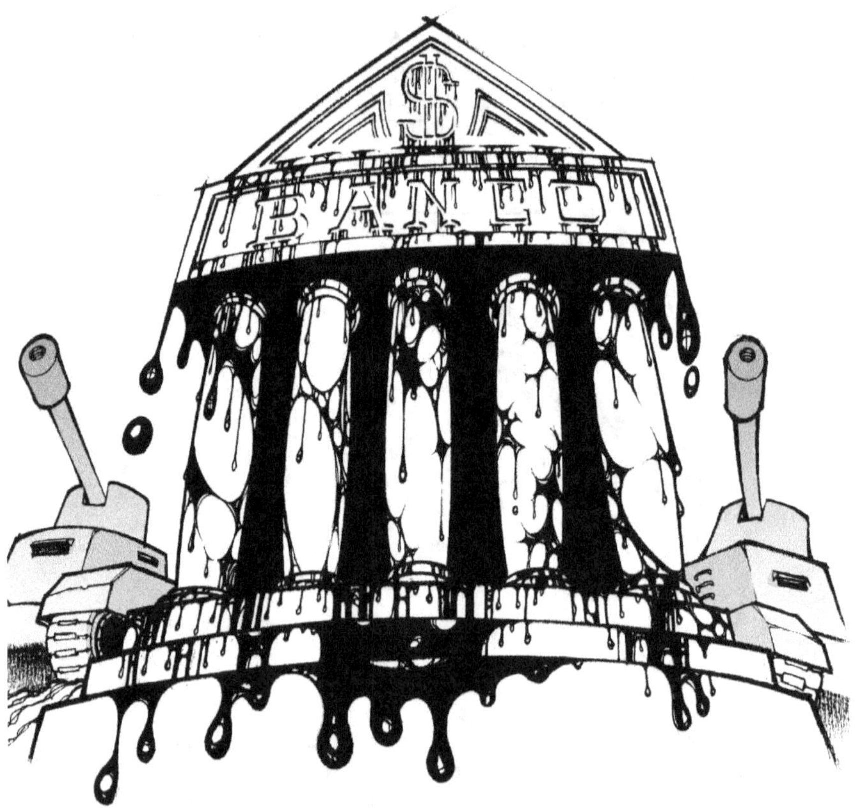

El Capital analiza diversas categorías, por ejemplo, el valor, el dinero, el capital, etc. Ellas no constituyen "cosas" sino relaciones sociales de producción. Pero estas relaciones económicas son, al mismo tiempo, relaciones de poder y de fuerza (entre las clases).

EL CAPITAL: CIENCIA Y CRÍTICA

Al cuestionar a la economía política (tanto a la que considera "vulgar" como a la que reconoce cierto interés por el conocimiento), Marx intenta desarrollar un discurso científico. ¿En qué consiste ese carácter "científico"? Fundamentalmente, en la posibilidad de cuestionar el orden social, violentando los intereses establecidos y eludiendo cualquier posible limitación ideológica de la verdad en aras del compromiso con la sociedad oficial.

Marx identifica ciencia = teoría crítica. Por eso titula su libro ***Crítica** de la economía política*. La imposibilidad de criticar deriva en la pérdida del carácter "científico" de la teoría social burguesa, que no puede alcanzar la verdad por quedar presa de los condicionamientos de clase y de los intereses particulares de los patrones.

Al realizar una crítica de la economía política, *El Capital* aporta una teoría científica de la sociedad. ¿Eso significa que el marxismo es una sociología? Marx respondería de manera negativa, ya que la sociología presupone —por lo menos desde sus padres positivistas— la existencia de leyes absolutas de evolución del orden social, independientemente de las luchas y de la historia. El marxismo se opone a toda forma de positivismo. Las regularidades sociales que formula *El Capital* son leyes de tendencia. Abren un marco de posibilidad y probabilidad, pero nunca determinan de antemano el desarrollo histórico ni la evolución automática hacia el "orden" y el "progreso".

EL CAPITAL Y LA ÉTICA

Si *El Capital* sostiene un discurso científico, entonces ¿queda excluida toda apreciación ética? ¿Existe, acaso, una ética en *El Capital*? Sí, existe y es central, pues para Marx la ciencia no se opone a la ética, de la misma manera que los juicios teóricos acerca de lo que existe no se oponen a los juicios de valor. El marxismo intenta superar la antigua escisión entre ética y política, entre público y privado. La cientificidad de *El Capital* corre pareja con su escala de valores (éticos).

La teoría crítica del capitalismo que sintetiza *El Capital* es científica y, al mismo tiempo, humanista. En el eje de su reflexión están los seres humanos y la crítica de la enajenación fetichista que padecen en la sociedad mercantil. El humanismo de Marx es práctico (porque presupone una moral revolucionaria centrada en la creación de hombres y mujeres nuevos) y teórico (ya que fundamenta con su discurso científico-crítico ese tipo de prácticas). La cientificidad crítica de la teoría marxista reposa en una escala de valores (éticos).

LA ÉTICA HUMANISTA Y EL MARXISMO

Refiriéndose a la principal obra teórica de Marx, en febrero de 1964, el Che Guevara escribió: "En *El Capital* Marx se presenta como el economista científico que analiza minuciosamente el carácter transitorio de las épocas sociales y su identificación con las relaciones de producción. (...) El peso de este monumento de la inteligencia humana es tal que nos ha hecho olvidar frecuentemente el **carácter humanista** (en el mejor sentido de la palabra) de sus inquietudes. La mecánica de las relaciones de producción y su consecuencia: la lucha de clases, oculta en cierta medida el hecho objetivo de que son los hombres los que se mueven en el ambiente histórico".

Al intentar resumir ese núcleo de fuego de la concepción de Marx y de los marxistas, que atraviesa tanto su teoría de la sociedad como sus normas de conducta práctica, en una pequeña carta de despedida, el Che Guevara reclama a sus hijos: "Sean siempre capaces de sentir en lo más hondo cualquier injusticia cometida contra cualquiera en cualquier parte del mundo. Esa es la cualidad más linda de un revolucionario".

¿QUÉ ES EL CAPITALISMO?

En su evolución ideológica juvenil, Marx comienza cuestionando la propiedad privada. Más tarde, prolonga esa crítica hacia la burguesía —como clase social— y hacia el capital —como relación social—. Finalmente, en *El Capital*, corona ese largo derrotero teórico desarrollando una teoría crítica del capitalismo, entendido como sistema mundial de producción, reproducción, explotación y dominación.

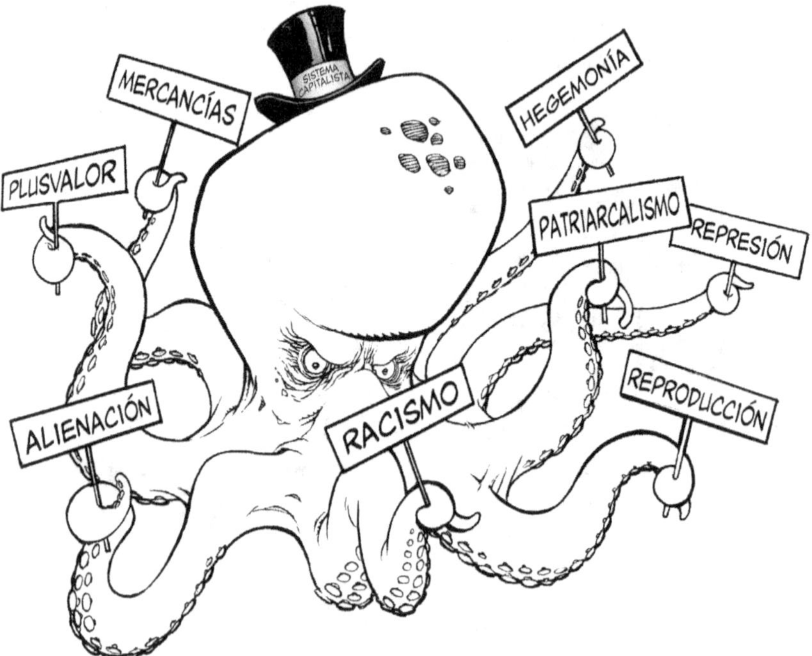

El capitalismo constituye un sistema en movimiento: es un conjunto articulado de relaciones sociales que tienen un orden y una lógica (la estructura). Ese orden no está fijo ni es inmutable. Posee una génesis, un desarrollo y una crisis (la historia). Esa historia no es lineal ni evolutiva. Tiene saltos, continuidades, rupturas, avances, quiebres, retrocesos, nuevas crisis, recomposición y más crisis, en un devenir ininterrumpido. En *El Capital,* Marx intenta desentrañar cuáles son las regularidades que rigen el movimiento lógico de esa estructura y su historia. El capitalismo, en tanto sistema, consiste en la producción de mercancías, plusvalor, subjetividad alienada, violencia, hegemonía y reproducción de la misma relación social de capital.

EL MÉTODO DIALÉCTICO Y LA MERCANCÍA

En su lógica dialéctica, Hegel comienza a exponer siempre por lo más abstracto, lo más simple, lo menos desarrollado, lo menos determinado. El método dialéctico parte de lo abstracto y se dirige, a través de mediaciones, a lo concreto. Siguiendo estas enseñanzas, Marx abre el primer renglón de *El Capital* por lo más general y elemental: la categoría de "mercancía". Ésta encierra el núcleo central de las contradicciones antagónicas de la sociedad contemporánea. Dice puntualmente Marx: "La riqueza de las sociedades en las que domina el modo de producción capitalista se presenta como un enorme cúmulo de mercancías, y la mercancía individual como la forma elemental de esa riqueza. Nuestra investigación, por consiguiente, se inicia con el análisis de la mercancía". La **mercancía** es, entonces, la forma social más simple y elemental que adoptan todos los productos del trabajo humano cuando son producidos en condiciones mercantiles. Esos mismos productos, si son creados y consumidos fuera del mercado, no son mercancías.

En el sistema capitalista, todos los productos del trabajo humano se tornan mercancías. Todo se compra y se vende. No hay nada sagrado. ¡Todo tiene precio! El capitalismo generaliza la producción de objetos que satisfacen necesidades —valores de uso— pero que, al mismo tiempo, se compran y se venden —valores—. Antes del capitalismo, en cambio, no todos los valores de uso iban al mercado ni eran mercancías. La mayoría se consumía directamente, sin pasar por el mercado. ¿Cómo se produjo esa transformación?

LA ACUMULACIÓN ORIGINARIA

Para poder explicar el carácter transitorio e histórico del capitalismo, Marx analiza la conversión repentina de todos los valores de uso en mercancías y de las masas populares en trabajadores que venden su capacidad de trabajar a cambio de un salario. A esa transformación tremendamente violenta la denomina "acumulación originaria del capital". A propósito de ella, Marx escribe: "Si el dinero, como dice Augier, «viene al mundo con manchas de sangre en una mejilla», **el capital lo hace chorreando sangre y lodo,** por todos los poros, desde la cabeza hasta los pies".

Marx se pregunta: ¿El capitalismo es natural y eterno? ¿Cómo nace este sistema? ¿Siempre hubo ricos y pobres? ¿Cómo era antes del capitalismo? ¿De dónde provienen las primeras grandes sumas que los empresarios invierten en el mercado? Al responder, *El Capital* explica los mecanismos de fuerza, violencia y poder que posibilitaron convertir a todo el globo en territorio de compra y venta. Sin esos mecanismos de violencia, la economía capitalista no funcionaría.

NACIMIENTO DEL CAPITALISMO COMO SISTEMA MUNDIAL

A diferencia de todos los modos de producción anteriores, el capitalismo nace con pretensiones de universalidad. Por eso vive "globalizándose" y conquistando cada rincón del planeta. Se expande en extensión y profundidad, en el tiempo y el espacio. Su nacimiento como sistema mundial sigue derroteros distintos en las diversas regiones del globo. A pesar de los relatos académicos oficiales, el supuesto desarrollo lineal, homogéneo y evolutivo es tan sólo una fábula imaginaria.

En **Europa occidental,** el nacimiento del capitalismo estuvo precedido por el feudalismo y, antes, por la esclavitud y la comunidad primitiva. En **Asia** y **África**, ese tránsito siguió una vía diversa: de la comunidad primitiva al modo de producción asiático y de allí al feudalismo o también de la comunidad primitiva al modo de producción asiático y de allí al capitalismo. La esclavitud —característica de las sociedades de **Grecia** y **Roma** antiguas— no se repitió siempre. El feudalismo tampoco. En **América**, se pasó de las sociedades comunales-tributarias precolombinas a una sociedad colonial híbrida, inserta en el mercado mundial capitalista (subordinada a su lógica) y basada en un desarrollo desigual y combinado de relaciones sociales precapitalistas y capitalistas. La actual **globalización** no es más que una nueva fase de esa extensa y dilatada expansión capitalista.

ACUMULACIÓN ORIGINARIA E INDUSTRIALIZACIÓN DEL TERCER MUNDO

¿Por qué los países coloniales, semicoloniales y dependientes no tienen el mismo desarrollo que el capitalismo de las metrópolis? ¿Cómo hicieron los capitalistas europeos y norteamericanos para acumular tanto capital? Intentando responder estas preguntas, Marx investiga el papel de la acumulación originaria en el desarrollo de los capitalismos metropolitanos y en la dependencia de los capitalismos periféricos.

Para que Europa Occidental y EE. UU. acumularan inmensas sumas de capitales —imprescindibles para los primeros saltos tecnológicos de la industria a fines del siglo XVIII y el XIX— fue necesario pisar, sojuzgar, aplastar, expropiar, humillar y explotar a millones de personas. Desde la conquista y el pillaje de México y Perú hasta el saqueo de Indonesia y la India, la historia de los siglos XVI a XVIII es puro bandidaje capitalista. Éste posibilitó la extraordinaria concentración de valores y capitales de Europa occidental. La **suma total de estos robos sistemáticos**, realizados entre 1500 y 1750, alcanza la cifra de más de mil millones de libras esterlinas oro. ¡Más que todo el capital reunido por todas las empresas industriales movidas a vapor que existían en toda Europa hacia el año 1800! Sin ese flujo de riqueza del Tercer Mundo al primero, no hubiera habido Revolución Industrial a fines del siglo XVIII ni máquina de vapor.

LA CONQUISTA DE AMÉRICA

Durante mucho tiempo, los colonialistas europeos describieron la conquista de América como "el triunfo de la civilización del hombre blanco sobre la barbarie". Más tarde, la Iglesia católica disfrazó la masacre sugiriendo que fue apenas un "encuentro pacífico de dos mundos". Polemizando con estas apologías —abiertas o encubiertas— del genocidio, en *El Capital* Marx sostiene que: "El descubrimiento de las comarcas de oro y plata en América, el exterminio, esclavización y sepultamiento en las minas de la población aborigen, la conquista y el saqueo de las Indias Orientales, la transformación de África en un coto reservado para la caza comercial de pieles-negras (esclavos negros), caracterizan los albores de la era de producción capitalista". Con filosa ironía, Marx continúa afirmando que: "Estos procesos idílicos constituyen **factores fundamentales de la acumulación originaria**".

Cuando Marx desarrolla su teoría del dinero en *El Capital*, cita la carta que Cristóbal Colón escribe en 1503 desde Jamaica: "¡Cosa maravillosa es el oro! Quien tiene oro es dueño y señor de cuanto apetece. Con oro, hasta se hacen entrar las almas en el paraíso". Ése fue, precisamente, uno de los móviles del "amoroso y pacífico encuentro de dos mundos"...

CAPITALISMO Y GENOCIDIO

El genocidio de los pueblos originarios de América, iniciado en 1492, cobró la vida de 70 millones de seres humanos, aproximadamente. La búsqueda del oro y la plata americanos (durante la acumulación originaria del capital europeo y el predominio del capital comercial), legitimada por una teología oficial que negaba el carácter de "seres humanos" a las poblaciones originarias, posibilitó semejante masacre. ¡Pero no fue la única!

El capitalismo recurre periódicamente al genocidio como herramienta de "reordenamiento" y disciplinamiento social. Entre muchas otras veces, así lo hizo durante el nazismo en Alemania (1933-1945) y durante las dictaduras militares del cono sur latinoamericano en las décadas de 1970 y 1980. Los genocidios no se pueden comprender únicamente por la maldad individual de Hitler, Videla o Pinochet, sino a partir de la lógica de dominación de todo un sistema: el capitalismo.

EXPROPIACIÓN DE LOS CAMPESINOS

En los *Grundrisse* y en *El Capital,* Marx explica que la acumulación originaria de capital no sólo está atravesada por la conquista, el robo y el genocidio de los pueblos de la periferia mundial. Además, ese proceso también se desarrolla hacia "el interior" de Europa occidental. La conquista de las colonias viene, entonces, acompañada de la expropiación violenta de los campesinos europeos. A ellos se los despoja de sus tierras.

La escisión violenta que realiza el capital, con ayuda del Estado y el derecho, entre el productor —el campesino y su familia— y sus condiciones de vida —la tierra y sus cultivos— obliga a millones de personas a marchar del campo a la ciudad. De este modo, forzado y violento, nace la clase obrera moderna.

LA PROPIEDAD COMUNITARIA
Y LA PROPIEDAD PRIVADA

En los *Grundrisse* Marx define a la "propiedad" como una relación directa con la naturaleza. Antes del capitalismo, esa relación directa suele darse a través de toda una comunidad. Se posee determinada tierra de cultivo o pastoreo de animales en la medida en que se pertenece a determinada comunidad o pueblo. La acumulación originaria del capital rompe esa relación directa con la naturaleza. Lo hace de manera violenta, salvaje y brutal.

La acumulación originaria fractura la propiedad comunitaria de la tierra. Entre la tierra y los campesinos se interpone entonces el capital. Sobre las ruinas de la propiedad comunitaria nace la propiedad privada moderna. Para que exista capitalismo tiene que romperse la relación directa del ser humano y sus condiciones de vida. Entre los trabajadores y sus herramientas de trabajo asoma entonces el rostro macabro y tenebroso del patrón-empresario.

PRECONDICIONES DE LA SOCIEDAD MERCANTIL

Los campesinos desalojados de sus tierras deben marchar a las ciudades en busca de un sustento. Aquellos que no quieren enterrar sus vidas en la oscuridad miserable, mugrienta y ruidosa de una fábrica urbana, y se dedican al vagabundeo o a la mendicidad, son severamente castigados por el naciente Estado burgués. Entre los castigos habituales se encuentran las torturas: latigazos, quema con hierros calientes, etc. Así se los obliga a trabajar en el *workhouse* (casas de trabajo forzado, donde se separa a los hombres de las mujeres). De este modo, tan "dulce y pacífico", nace la clase obrera moderna: el proletariado (término que designa a aquellos trabajadores que no tienen nada más que su prole, sus hijos).

El mercado capitalista presupone la violencia. El "libre juego" de la oferta y la demanda, que aparece como "normal", tiene por detrás la expropiación, el castigo, el disciplinamiento y la vigilancia de los trabajadores rebeldes. Además, para que exista capital, las condiciones de vida de los trabajadores tienen que haberles sido expropiadas y convertidas en mercancías que se compran y se venden en el mercado.

LA INVERSIÓN FETICHISTA

Marx publica el primer tomo de *El Capital* en 1867. Más tarde, entre 1872 y 1873, revisa y modifica nuevamente el texto para su segunda edición alemana. Uno de los segmentos que adquiere relieve en esta segunda edición es "El carácter fetichista de la mercancía y su secreto". El tema del fetichismo ya estaba en la edición de 1867, pero recién en la segunda lo separa del resto del primer capítulo y le pone ese título específico para destacarlo. Allí formula uno de los núcleos centrales con que *El Capital* cuestiona al capitalismo. En *Historia y conciencia de clase*, el filósofo György Lukács señala que el capítulo acerca del fetichismo contiene todo el materialismo histórico, todo el autoconocimiento de los trabajadores en cuanto conocimiento de la sociedad capitalista.

En la teoría del fetichismo Marx sostiene que, a partir de la acumulación originaria y el intercambio generalizado de mercancías, las condiciones de vida expropiadas a las masas populares se autonomizan, cobran vida propia como si fueran personas. Este proceso histórico genera que las condiciones de vida —transformadas en capital— se vuelvan SUJETOS y los productores expropiados se vuelvan OBJETOS. La inversión fetichista consiste en que las cosas se personifican —personificación— y los seres humanos, arrodillados ante ellas, se cosifican —cosificación—.

116

EL FETICHISMO Y LA TEORÍA DEL VALOR

¿Por qué en el capitalismo el mercado manda y la gente obedece? Esa pregunta obsesiona a Marx. La responde en 1844 con la teoría de la alienación y en 1867-1873 con la del fetichismo. "Fetiche" deriva del portugués *fetiço*, que significa "«hecho» de la mano del hombre". Marx utiliza por primera vez el término en el artículo "Debates sobre la ley castigando los robos de leña" (1842): "La provincia tiene el derecho de crearse estos dioses, pero, una vez que los ha creado, debe olvidar, como el adorador de **los fetiches,** que se trata de **dioses salidos de sus manos"**.

Aunque las teorías de la alienación y el fetichismo tienen mucho en común (ambas describen inversión de sujeto y objeto, personificación y cosificación), el fetichismo remite su explicación exclusivamente a las relaciones mercantiles. En los textos de 1867-1873 Marx explica el mismo fenómeno que en 1844, pero elude cualquier referencia a una supuesta "esencia humana" perdida y alienada.

En *El Capital,* la teoría del fetichismo es la base de la teoría del valor. Si Smith y Ricardo se preguntaron por la cantidad del valor, nunca se interrogaron ¿por qué el trabajo humano genera valor? La respuesta es el fetichismo y el trabajo abstracto. El trabajo humano vivo se cosifica y cristaliza en sus productos como valor porque ha sido producido en condiciones mercantiles.

EL TRABAJO ABSTRACTO

Marx está orgulloso de haber descubierto la diferencia entre el trabajo concreto y el trabajo abstracto. En *El Capital* reconoce: "He sido el primero en exponer críticamente esa **naturaleza bifacética del trabajo** contenido en la mercancía. (...) Este punto es el eje en torno al cual gira la comprensión de la economía política". En su carta a Engels del 24/8/1867 le dice: "Los mejores puntos de mi libro son: el doble carácter del trabajo, según que sea expresado en valor de uso o en valor de cambio (toda la comprensión de los hechos depende de esto, se subraya de inmediato en el primer capítulo)". En otra carta a Engels, del 8/1/1868, agrega: "Los economistas no han advertido un simple punto: que si la mercancía tiene un doble carácter -valor de uso y valor de cambio-, entonces **el trabajo encarnado en la mercancía también debe tener un doble carácter. (...) Este es, en efecto, todo el secreto de la concepción crítica"**. ¿Qué es entonces el trabajo abstracto?

El trabajo humano es "concreto" si produce "valores de uso", objetos que satisfacen directamente una necesidad. En cambio, si el trabajo humano produce objetos para el mercado, que sólo serán consumidos después de haber sido intercambiados por dinero, el trabajo es "abstracto" y el objeto producido es una mercancía que posee no sólo "**valor de uso**" sino además "**valor**". Aunque cada propietario de mercancías realiza un trabajo privado, todos son fragmentos del mismo trabajo social global. Pero sólo se toma conciencia de esa sociabilidad en el mercado.

LA TEORÍA DEL VALOR

Marx no descubre la teoría del valor. Incluso, en 1844, ni él ni Engels la aceptaban. Sin embargo, tanto en los *Grundrisse* como en *El Capital*, esta teoría —articulada con la del fetichismo— se convierte en fundamental. Ella explica por qué el capitalismo genera crisis. No es una teoría del equilibrio sino de las crisis. Marx la adopta de los economistas clásicos pero la resignifica y la vuelve más compleja. Antes que Marx, Smith y Ricardo ya se habían preguntado: ¿Cuánto valen las cosas? O sea: ¿cómo se determina su valor de cambio? Respondieron: de acuerdo al tiempo de trabajo incorporado. En *El Capital,* Marx acepta esa respuesta. A esa medida cuantitativa del "valor de cambio" de las mercancías la denomina tiempo de trabajo socialmente necesario (TTSN) para producirlas. El valor de cambio expresado en dinero es el precio de las mercancías. Pero la teoría del valor de Marx, junto con la cantidad, da cuenta de otro problema, cualitativo: ¿por qué valen las mercancías? Es decir: ¿por qué el trabajo humano genera valor? Si el TTSN responde a la pregunta por la cantidad del valor de las mercancías, el trabajo abstracto y el fetichismo responden a la pregunta por la calidad del valor.

Según la teoría del valor de Marx, el trabajo global de una sociedad es "abstracto" si cada uno de sus propietarios independientes de mercancías compara —al intercambiar en el mercado— su trabajo privado con los demás. En la sociedad mercantil capitalista, cada uno de estos propietarios realiza un trabajo privado, que es una porción del mismo trabajo social global. Cada uno toma conciencia del carácter social de su trabajo privado recién cuando intercambia su mercancía, en el mercado, después de haber sido producida. Para que la sociabilidad de su trabajo sea directa, cada propietario debería planificarlo junto con los demás. Pero ello sólo sería posible cuando los medios de producción estén en manos de los trabajadores y no de los patrones.

FETICHISMO, TRABAJO ABSTRACTO Y VALOR

Como los propietarios de mercancías —las grandes empresas capitalistas— son recíprocamente ajenos y compiten entre sí, recién se encuentran en el mercado. Su vínculo nunca es directo. Está mediado por el mercado. En la sociedad mercantil capitalista, el vínculo entre la gente se da sólo a través del mercado y el dinero. Las cosas, los objetos producidos por el trabajo abstracto global, es decir, las mercancías (que poseen valor de uso y valor), son las únicas que pueden relacionar a los propietarios entre sí. Cuando éstos comparan en el mercado la cantidad de valor de sus respectivas mercancías, en realidad están comparando las diversas proporciones de trabajo social —trabajo abstracto— que cada uno realizó. Como dentro del mercado capitalista las mercancías son las únicas que posibilitan la relación intersubjetiva e interhumana, entonces esos objetos adquieren características "mágicas". Según las apariencias de la sociedad mercantil, lo que en la realidad no son más que cosas, terminan poseyendo propiedades humanas. Las mercancías se personifican. En cambio, los seres humanos, que sólo se relacionan entre sí a través de las cosas, terminan asimilándose a ellas: se cosifican.

En la sociedad mercantil, el trabajo humano —como es un trabajo abstracto— se termina cristalizando en objetos que adquieren "vida propia", como si fueran personas. Ésa es la razón —el fetichismo— por el cual el trabajo humano, dentro del capitalismo, genera valor. Así Marx responde la pregunta cualitativa de la teoría del valor (la que nunca se formularon ni Smith ni Ricardo). Para poder construir una subjetividad no domesticada ante el mundo fetichista y para poder crear una sociedad auténticamente humana, donde las cosas sean cosas y los seres humanos sean sujetos, hay que transformar radicalmente la sociedad, planificando democráticamente la producción y tendiendo a eliminar progresivamente el mercado, el trabajo abstracto y el valor. Esa debería ser la gran apuesta de las revoluciones socialistas.

EL PODER DEL DINERO

¿De dónde proviene el increíble y gigantesco poder del dinero? Para responder, en 1844, Marx formula la teoría de la alienación. Más tarde, en los *Grundrisse*, vuelve sobre este interrogante y lo responde con la teoría del fetichismo. Lo que en los *Grundrisse* es analizado como "fetichismo del dinero", en *El Capital* es teorizado como "fetichismo de la mercancía", del cual el fetichismo dinerario no es más que su expresión derivada.

Según Marx, el poder del dinero, que en el capitalismo aparece como propiedad "mágica" derivada de determinados objetos —el oro en sus comienzos, la tarjeta de crédito hoy en día—, en realidad expresa el poder de determinado tipo de relaciones sociales. El dinero no es entonces una cosa, sino un conjunto de relaciones sociales cristalizado —por el fetichismo— en una mercancía determinada, que se vuelve SUJETO autónomo con vida propia.

EL DINERO

El dinero es, para Marx, una mercancía más. Pero una mercancía muy especial, pues juega un papel de equivalente general del valor de todo el resto del universo mercantil. El dinero es como un formidable espejo universal en el cual se reflejan todos los valores de cambio. Es un producto genuino del trabajo abstracto global. La impersonalidad y el anonimato del dinero derivan de que el trabajo abstracto, en tanto trabajo social global realizado en condiciones mercantiles, borra todas las diferencias particulares de los trabajos privados de cada uno de los propietarios de mercancías.

El dinero tiene varias funciones: sirve para medir los valores, como medio de atesoramiento, como medio de pago y como una medida universal llamada dinero mundial. Además, cumple el papel de nexo entre las operaciones de compra y venta de mercancías, en tanto medio de circulación. Si se vende una mercancía (M) y a cambio se obtiene dinero (D), con ese dinero (D), a su vez, se compra una nueva mercancía (M). El proceso sería el siguiente: M-D-M. ¿Cuál es en este caso **el objetivo** de todo el proceso? Vender para comprar. Es decir, intercambiar para poder **consumir** una mercancía distinta de la que se tenía originariamente.

EL CAPITAL COMO RELACIÓN SOCIAL

Cuando el dinero sirve, únicamente, como medio de circulación entre la venta y la compra ("se vende para comprar"), está cumpliendo funciones dinerarias. Pero ese mismo dinero puede cambiar de función para transformarse en capital. Por ejemplo, cuando un propietario compra con dinero (D) una mercancía (M), la utiliza y luego vende el producto mercantil (M) a cambio de más dinero (D') (D prima), este último ya no cumple funciones de dinero sino de capital. En ese caso, la fórmula sería: D-M-D' ("se compra para vender"). ¿Cuál es en este caso el **objetivo** del proceso? Pues **obtener una suma de dinero mayor** que la que originariamente se tenía. El objetivo ya no es consumir sino **alcanzar una ganancia**.

Ahora bien, entre la primera suma de (D) y lo que se espera obtener al final del proceso, o sea el segundo (D'), no puede haber equivalencia. Si un empresario invierte $10, no espera obtener al final $10. Espera obtener más... Por eso, según *El Capital*, la fórmula de la circulación mercantil simple es: M-D-M, mientras que la fórmula de la circulación mercantil capitalista es: D-M-D'. O sea que el capital es dinero que se valoriza.

¿Qué es entonces el capital, el principal objeto de estudio de Marx en su libro *El Capital*? El capital no es una cosa fija sino una **sustancia en proceso**: un sujeto. Es el dinero que se ha independizado como equivalente general, se ha autonomizado del resto de las mercancías y se ha convertido en un sujeto autónomo, con vida propia, que busca valorizarse y crecer (explotando trabajo ajeno). No es un objeto ni una suma de máquinas y edificios. El capital es una relación social de producción que vincula clases sociales: los dueños de dinero por un lado, y los trabajadores por el otro. Esa relación social no es puramente económica. Es también, y al mismo tiempo, una relación de poder, de dominación y de fuerzas entre las clases sociales. El vínculo que establece la relación social de capital está atravesado íntimamente por la lucha y el conflicto entre dos polos contradictorios.

EL PLUSVALOR: FUENTE DE LA EXPLOTACIÓN

En *El Capital* Marx se pregunta: ¿De dónde proviene la ganancia de los empresarios? Rompe con el sentido común que permanece preso de las apariencias fetichistas del mercado y responde: ese "plus" no surge de "comprar barato y vender más caro", pues si eso ocurriera, lo que un empresario gana (el que vende), lo perdería otro (el que compra) y, a nivel global, se equilibrarían ganancias y pérdidas. La ganancia tampoco es una función "mágica" generada por las máquinas y las herramientas, consideradas como "factores de producción".

La fuente de la ganancia empresarial, explica Marx, no tiene nada de "mágico". Proviene, sencillamente, del plusvalor, de la explotación de los trabajadores. Éstos no tienen absolutamente nada, exceptuando una mercancía que al empresario le interesa mucho: su capacidad de trabajar. Marx la denomina "fuerza de trabajo".

La única mercancía que puede crear valores nuevos es la fuerza de trabajo humana (aclaración: aquí se utiliza "valores" en un sentido económico. No se está hablando de valores éticos o estéticos, por ejemplo). Una máquina o un robot –por más modernos que sean– no crean valores nuevos. A lo sumo pueden ayudar a conservar los antiguos valores pero, en sí mismos, no crean nuevos. Los únicos que podemos crear nuevos valores somos los seres humanos. Si una mercancía fue producida por un robot, este robot fue producido a su vez por un ser humano. En última instancia, siempre nos tropezamos con el trabajo humano.

La fuerza humana de trabajo se compra y se vende en el mercado, como cualquier otra mercancía. Al igual que las demás mercancías, posee un valor de uso –ella sirve para trabajar– y un valor de cambio –que se mide como el del resto de las mercancías, de acuerdo al tiempo de trabajo socialmente necesario (TTSN) para producirla–. Lo interesante, para el punto de vista capitalista, reside en que la fuerza de trabajo tiene la capacidad de crear más valor que lo que ella misma vale.

Entonces, el empresario le compra al obrero o la obrera su capacidad de trabajar durante determinado período de tiempo, pagándole el valor de su fuerza de trabajo. Esto es: el valor equivalente para que el trabajador pueda reproducir su vida y la de su familia y volver al día siguiente a trabajar. Pero el trabajador, al ejercer su capacidad de trabajar, crea más valor que lo que él mismo vale.

Por lo tanto, el empresario paga menos de lo que obtiene al final de la jornada. Y el trabajador —aunque le paguen en término y no le hagan "trampa" (algo que habitualmente no sucede en el capitalismo de nuestros días)— termina acrecentando con su esfuerzo y su energía vital los bolsillos empresarios y sus cuentas bancarias.

¿Por qué no se ve a simple vista este mecanismo de explotación? Marx sostiene que en la vida cotidiana se palpa y se siente esta explotación, pero no se la puede explicar. Para explicarla se necesita el discurso científico-crítico y la ayuda de la teoría crítica del capitalismo. La explotación está oculta e **invisible a los ojos** porque el empresario siempre dice que, con el salario, "paga por el trabajo obrero", cuando en realidad paga por... el valor de la fuerza de trabajo, pero no por todo el trabajo realizado. La diferencia entre ese valor del trabajo realizado —encerrado en un producto— y el valor de la fuerza de trabajo —expresado monetariamente en un salario— es más que considerable. Allí está el núcleo de la explotación.

El valor del trabajo realizado equivale al tiempo que dure toda la jornada laboral. Y el valor de la fuerza de trabajo sólo corresponde al tiempo de trabajo necesario para reproducir al trabajador y su familia. Siempre este último es menor que aquel otro.

PROCESO DE TRABAJO
Y PROCESO DE VALORIZACIÓN

Al definir la "fuerza de trabajo" como la capacidad que tiene el ser humano para trabajar, Marx explica la diferencia del "trabajo" a secas. Éste constituye un proceso de intercambio entre la sociedad y la naturaleza. Con esta última definición, *El Capital* retoma la concepción del trabajo de la "dialéctica del señor y el siervo", fragmento de la *Fenomenología del Espíritu* de Hegel. Tanto Marx como Hegel definen la originalidad del trabajo humano por oposición al de los animales.

El trabajo humano, en tanto mediación entre la sociedad y la naturaleza, es algo común a todos los tiempos históricos. Si hay sociedad humana, hay trabajo. Lo que Marx persigue es marcar las diferencias específicas de cada época —particularmente la que corresponde al modo de producción capitalista—. Lo que diferencia una época de otra es la forma social que asume ese trabajo. El interés máximo de Marx en *El Capital* está depositado en esas formas, entendidas como relaciones sociales históricamente determinadas. El núcleo fuerte de la concepción materialista de la historia gira, justamente, en torno a esas formas y relaciones sociales. La "materia" de la que habla la concepción marxista de la historia es específicamente social. El capitalismo, entonces, conjuga algo común a todas las épocas —el proceso de trabajo que crea valores de uso— con algo irrepetible —el proceso de valorización, donde la fuerza de trabajo produce valor adicional por encima de su propio valor—.

EL ECOLOGISMO DE MARX Y LA NATURALEZA

Todo proceso laboral vincula a los trabajadores con la naturaleza. El capitalismo destruye ambos polos de la relación. En el primer tomo de *El Capital* Marx señala: "Todo progreso de la agricultura capitalista no es sólo un progreso en el arte de **esquilmar al obrero,** sino a la vez en el arte de **esquilmar el suelo;** todo progreso en el acrecentamiento de la fertilidad durante un lapso dado, un progreso en **la ruina de las fuentes duraderas de esta fertilidad"**. Y agrega: "La misma **rapacidad ciega** que en un caso **agota la tierra,** en el otro había hecho presa en las raíces de la fuerza vital de la nación". La misma idea se repite en la *Historia crítica de las teorías de la plusvalía.* El 25/3/1868, poco después de publicar el primer tomo de *El Capital,* Marx le escribe una carta a Engels donde le dice que "el cultivo, cuando se desarrolla en forma primitiva y no es controlado conscientemente, **deja desiertos tras de sí"**.

¿Cuáles son las fuentes de esta visión ecológica de Marx? Una de ellas es *La química orgánica aplicada a la agricultura y a la fisiología* —publicado en 1840 y citado por Marx en edición de 1862—, del fundador de la química agrícola Justus von Liebig (1803-1873). La segunda fuente, más importante aún, es una obra del agrónomo bávaro Karl Nikolaus Fraas (1810-1875): *El clima y el mundo vegetal a través de los tiempos, una historia de ambos* (1847). Marx descubre a Fraas en 1868. Su obra le sirve para cuestionar la irracionalidad capitalista frente a la naturaleza y el delirio de creer en una explotación industrial ilimitada de las fuentes energéticas. Fascinado, el 25/3/1868 se lo recomienda fervorosamente a Engels señalándole, entre otros, sus estudios sobre la devastación de la naturaleza y la deforestación.

¿CÓMO MEDIR LA EXPLOTACIÓN?

El Capital no sólo explica la explotación. Además intenta medirla y cuantificarla. Marx define dos conceptos complementarios. **"Capital variable"**: aquella parte del capital que los empresarios usan para comprar fuerza de trabajo (contratar obreros). Es "variable" porque su valor se incrementa con la explotación (se obtiene más de lo que se invierte). El otro es **"capital constante"**: parte del capital utilizada para la compra de edificio, instrumentos de trabajo y materias primas. Es "constante" porque estos elementos no incrementan su valor en la producción. Simplemente lo mantienen, reproducen y transfieren al producto. El único elemento que puede hacer crecer el valor es la capacidad humana de trabajar, la fuerza de trabajo, el capital variable.

El valor de cualquier producto encierra tres componentes: (a) una parte corresponde al capital constante (la fracción del valor de las máquinas y materias primas gastadas en su producción), (b) otra, al capital variable (el segmento del capital destinado a pagar el salario) y, finalmente, (c) el plusvalor (el equivalente a la parte de trabajo realizado por el obrero que no es remunerado por el capitalista: la fuente de la ganancia empresarial). ¿Cómo medir la explotación? Estableciendo una relación entre (b) y (c), entre el capital variable y el plusvalor, entre el salario obrero y la ganancia empresarial. Marx la denomina "tasa de plusvalor". La tasa de plusvalor = el grado de explotación de la clase obrera por parte de sus patrones.

PLUSVALOR ABSOLUTO Y RELATIVO

El corazón del sistema capitalista reside en la extracción de plusvalor. "El interés por el usuario", "el bienestar general", "el servicio a la comunidad" y otros eslóganes empresariales son nada más que señuelos y simulacros discursivos. Lo que busca el empresario es ganar dinero. Y punto. Su principal interés es extraer plusvalor. Pero puede hacerlo de diversos modos. Marx distingue dos formas de extracción: plusvalor absoluto y relativo.

La extracción de plusvalor absoluto está basada, fundamentalmente, en la prolongación de la jornada laboral. Por ejemplo: si la jornada es de 8 horas y el obrero necesita tan sólo 5 horas para producir el valor de su propia fuerza de trabajo (su salario) y trabaja 3 horas "extra", en forma gratuita, produciendo el plusvalor que se apropia el capitalista, éste puede extender la jornada laboral a 10 horas. Así se apropiará de 5 horas en lugar de 3. Aquí predomina el plusvalor absoluto. En cambio, si se mantiene la jornada en 8 horas, pero aumenta la inversión en maquinarias y tecnología y se le exige mayor rendimiento al obrero, puede lograr que éste produzca mucho más en el mismo tiempo o incluso en menos. El plusvalor relativo se basa en la reducción del tiempo necesario para reproducir el valor de la fuerza de trabajo. En ese ejemplo, reproducirá su propio salario en 2 horas de labor y trabajará 6 horas gratis para la ganancia del patrón. Aunque el plusvalor relativo es el específicamente capitalista, ambos métodos suelen combinarse en el capitalismo de nuestros días.

SUBSUNCIÓN FORMAL Y SUBSUNCIÓN REAL

El Capital pisa fuerte en las formas y métodos de la explotación capitalista, pero eso no implica que carezca de una teoría política de la dominación y el poder. Entre junio de 1863 y diciembre de 1866 —entre la tercera y cuarta redacción de *El Capital*— Marx elabora un cuaderno entero que titula "Resultados del proceso inmediato de producción". Este manuscrito, que originariamente estaba destinado a ser el capítulo sexto de *El Capital*, permaneció inédito hasta 1933, cuando lo publica el Instituto Marx-Engels de Moscú (en alemán y ruso). En castellano recién aparece en 1971. En ese texto, conocido como *Capítulo sexto inédito de El Capital*, Marx estudia las diversas fases de subordinación y formas de dominación del capital sobre la resistencia de su enemigo político: el trabajo.

Aunque presente en todo *El Capital*, en el *Capítulo sexto inédito* Marx hilvana una larga reflexión sobre las formas específicas del poder capitalista. Allí traza un paralelo entre la extracción de plusvalor absoluto y la subsunción formal del trabajo dentro del capital, así como entre el plusvalor relativo y la subsunción real. Por "subsunción formal" entiende la subordinación del trabajo al empresariado sobre la base de procesos laborales tradicionales preexistentes. En ese caso, el capitalista domina y ejerce el poder dentro del taller o la manufactura, pero sin inmiscuirse ni controlar completamente el proceso laboral. La "subsunción real" designa un proceso de poder, mando, dominación, subordinación, coerción, despotismo, autoridad, dirección, vigilancia, disciplina y control de la empresa capitalista sobre el trabajo, que trastoca completamente el proceso laboral. En este caso, el capitalista pretende penetrar en la misma subjetividad del trabajador, mientras éste se rebela e intenta resistirse. La principal conclusión política de este *Capítulo sexto inédito* es dinamita pura: el capitalismo produce mercancías, plusvalor, nuevas relaciones de capital y subjetividades domesticadas. Por lo tanto, el capitalismo no se puede reformar, emparchar o "mejorar". ¡Hay que resistir! ¡Hay que derribarlo!

LAS FORMAS DE ORGANIZACIÓN DEL TRABAJO

En *El Capital* Marx va recorriendo las diversas formas de organización del trabajo que se suceden en la historia a partir de la lucha de clases entre los trabajadores y sus patrones. Los empresarios siempre persiguen la obtención de mayores ganancias y para eso pretenden obligar a los trabajadores a rendir mayor plusvalor. Éstos se resisten y luchan. De ese conflicto emerge siempre una nueva forma de organización.

Marx comienza analizando la cooperación en el taller, donde muchos trabajadores reunidos convergen en una fuerza productiva colectiva, mayor que la sumatoria de sus energías individuales. Luego analiza la manufactura, en la que el capital introduce la tecnología de las máquinas como herramienta para domesticar la resistencia obrera. Allí el capital logra sujetar al obrero a tareas parciales, segmentadas y repetitivas, expropiándoles su saber de oficio (propio del artesano medieval). Más tarde, se explaya sobre la gran industria moderna, donde el cuerpo y hasta los gestos de los trabajadores terminan subordinados como un apéndice a los ritmos de la máquina, bajo la vigilancia capitalista. Con la gran industria terminan de solidificarse las rupturas históricas de la acumulación originaria entre los productores y sus medios de vida autonomizados, que se le enfrentan ahora como encarnación del capital. Durante el siglo XX, la fábrica capitalista sufre las modificaciones del taylorismo (donde se introduce el cronómetro para exigirle cada vez más al obrero), el fordismo (con la cadena de montaje, el trabajo indiferenciado y la producción de mercancías en serie, destinadas a ser consumidas por los propios obreros) y el toyotismo (que inaugura el método de producción "justo a tiempo", en función de la demanda del cliente, para evitar pérdidas al empresario). Cada innovación capitalista va acompañada de una nueva resistencia obrera. ¿Y hoy? La lucha continúa...

UN MANTO DE NEBLINA LAMADO "SALARIO"

Ya en los *Manuscritos económico filosóficos de 1844*, Marx había alertado: "Una elevación del salario no sería más que una mejor remuneración de los esclavos". En *El Capital* vuelve sobre el salario. Pero para entonces, ya tiene en su haber la experiencia política de la Asociación Internacional de los Trabajadores y las vivencias directas de sus compañeros de lucha. Sigue convencido de que la salida es la toma del poder y la revolución socialista y no el tímido aumento del salario ni "la mejor distribución de la riqueza". No obstante, reclama la necesidad de la lucha por el aumento salarial y la disminución de la jornada laboral como herramientas parciales para acumular fuerzas en la lucha contra el capital.

Para Marx, el salario es el precio de la fuerza de trabajo, expresión dineraria de su valor de cambio. Ese precio no es una suma fija. Varía en forma directa con la lucha de clases y, en forma indirecta, con el volumen del desempleo (que Marx denomina "ejército industrial de reserva": los trabajadores desempleados que son utilizados por los empresarios para presionar y bajar el salario de los obreros ocupados). Desde el punto de vista empresarial, el salario se contabiliza como "capital variable". El empresario dice que con el salario paga "el trabajo", cuando en realidad paga el precio de la "fuerza de trabajo", menor que el valor del producto obtenido. Como el dinero es impersonal y borra sus huellas de origen, la forma social salarial es un manto de neblina que encubre y esconde esa diferencia, núcleo de la explotación.

LA EXPLOTACIÓN FEMENINA Y EL TRABAJO DOMÉSTICO

El salario representa el precio de mercado de la fuerza de trabajo. El valor de la fuerza de trabajo se calcula igual que el de todas las mercancías: por el tiempo de trabajo socialmente necesario (TTSN) para reproducirlo. Está determinado por la sumatoria de todos los valores de cambio de las mercancías socialmente necesarias para que, día a día, el trabajador pueda levantarse, volver a trabajar y renovarse como mercancía vendible. No obstante, en el capitalismo, el salario que pagan los empresarios no incluye todo el trabajo necesario que se invierte en la vida cotidiana para la reproducción obrera.

El **trabajo realizado en el hogar** para que los trabajadores puedan comer, vestirse y volver a la mañana siguiente a ser explotados es impago. Se denomina trabajo doméstico. En la sociedad capitalista —machista y patriarcal— suelen realizarlo las mujeres. El capitalista no lo paga, pero se sirve de él. No sólo se lo apropia en forma "gratuita", sino que ni siquiera lo reconoce como tal. Aparece envuelto por la cultura y las tradiciones bajo la apariencia del "puro afecto" (de la madre con sus hijos, de la esposa con su compañero). En la familia el afecto existe, pero está yuxtapuesto con la reproducción capitalista. Si se calculara el salario incluyendo ese **trabajo "invisible"**, la ganancia empresarial se reduciría y el salario aumentaría. La explotación de las mujeres —doblemente sometidas: en el mercado y en el hogar— constituye uno de los instrumentos vitales para la reproducción del capital.

FEMINISMO, MARXISMO Y LUCHA DE CLASES

Aunque en la época de Marx el movimiento feminista no estaba constituido, existían voces herejes que cuestionaban la dominación patriarcal, uniéndola a la lucha de clases. Una de las precursoras es Flora Célestine Thérèse Tristán, quien defiende en *La Unión obrera* la igualdad entre hombres y mujeres. Tristán es una crítica radical del matrimonio y de la vida cotidiana de las mujeres. En *Paseos en Londres* las describe como "las proletarias de los propios proletarios". Engels retoma esta fórmula en *El origen de la familia, la propiedad privada y el Estado*. Flora trabaja por la emancipación de las mujeres y, a la vez, de toda la clase trabajadora. En *La sagrada familia,* Marx defiende su feminismo. Dice que Flora es "una precursora de altos y nobles ideales". Cuando en la Primera Internacional Madame Law era integrante del Consejo General, Marx exhorta a Elisabeth Dmitrieff a que vaya a París y establezca la sección de mujeres de la AIT. Junto con las legendarias Louise Michel (quien comanda un batallón femenino en las barricadas), Madame Fautin y Hortense David, Elisabeth Dmitrieff se convierte en líder de la Unión de Mujeres para la Defensa de París durante la Comuna de 1871.

Después de la muerte de Marx, diversas revolucionarias intentan conjugar la lucha de clases y, al mismo tiempo, la emancipación de la mujer —enfrentando a veces la indiferencia, el machismo y hasta la hostilidad de los dirigentes socialistas—. Entre otros nombres emblemáticos, merecen destacarse los de Vera Ivánovna Zasúlich (1851-1919), Alexandra Kollontai (1872-1952), Clara Eissner Zetkin (1857-1933), Rosa Luxemburg y Raya Dunayevskaya (1910-1987). El marxismo revolucionario del siglo XX cuenta entre sus principales dirigentes a la española Dolores Ibárruri Gómez (1895-1989), las cubanas Haydée Santamaría (1922-1980) y Celia Sánchez (1920-1980), la vietnamita Nguyen Thi Binh, la argelina Djamila Boupacha, la nicaragüense Luisa Amanda Espinoza (1948-1970), la alemana Ulrike Marie Meinhof (1934-1976), la argentino-alemana Haydée Tamara Bunke Bider (1937-1967), la italiana Margherita Cagol (¿?-1975), las argentinas Ana María Villareal de Santucho (1936-1972) y Alicia Eguren (1924-1977), entre muchísimas otras.

LA FIEBRE DEL TRABAJO, EL ESTRÉS Y EL TIEMPO LIBRE

En *El Capital*, Marx describe la lucha por el acortamiento de la jornada laboral. En el tercer tomo alerta que "el reino de **la libertad** sólo comienza **allí donde cesa el trabajo** determinado por la necesidad". ¿Dónde encontrar la **auténtica libertad humana**? Pues en el tiempo libre, que en los *Grundrisse* define como "**tiempo para el ocio**" y "**tiempo para actividades superiores**". Nuevamente en *El Capital*, Marx destaca que "en la sociedad capitalista se produce **tiempo libre** para una clase mediante la transformación de todo el **tiempo vital** de las masas en tiempo de trabajo". Aunque la filosofía de la praxis apuesta a la intervención activa y creadora del sujeto en la historia, nada más lejos del marxismo que el frenesí capitalista por convertir al ser humano en un triste animal de carga. Esa concepción es propia de los empresarios, quienes condenan a un sector de la población al desempleo y la miseria, mientras obligan al resto a trabajar hasta el límite del agotamiento físico y el embrutecimiento mental. El estrés de nuestros días es hijo legítimo del capitalismo.

Uno de los más agudos intérpretes de esta visión tan poco tradicional de Marx —a quien, sorprendentemente, siempre se le atribuye una moral protestante centrada en la manía del trabajo extremo— es su yerno: Paul Lafargue (1842-1911). Este revolucionario cubano, casado con Laura Marx, fue uno de los principales dirigentes políticos del socialismo francés, miembro de la AIT y gran defensor de la Comuna de París. Su principal obra es *El derecho al ocio* (también traducido como *El derecho a la pereza*, de 1880). A contramano de la corriente socialista hegemónica que siempre hizo culto al trabajo, Lafargue defiende los legítimos derechos del ocio obrero. Incluso llega a afirmar que el amor frenético al trabajo es "una aberración mental" y "una extraña locura que se ha apoderado de las clases obreras". A su modo, coincide con aquellos pasajes "olvidados" de los *Grundrisse* (que Lafargue nunca llegó a leer, pues se publicaron después de su muerte) y *El Capital* donde Marx se explayaba sobre el tiempo libre.

LA ACUMULACIÓN: ¿UNA OBSESIÓN?

Si los empresarios ya son millonarios, ¿por qué siguen obsesionados buscando mayor ganancia y plusvalor? Porque aquel que no acumule, no puede competir y quiebra. Marx explica que, más allá de sus buenas o malas intenciones, la lógica de toda sociedad capitalista se rige por el fuego de la competencia y la tendencia a la acumulación. Aquel que sueña con desafiarla, quiebra. Cuando los patrones gastan en objetos de consumo superfluos y lujosos, el botín del plusvalor y la ganancia, éstos no se reinvierten en la producción. En ese caso se destinan al rédito. Pero si el trabajo impago obtenido de la explotación se vuelve a invertir, hay acumulación. La acumulación consiste en el incremento en el valor del capital, por medio de la reinversión de parte del plusvalor en capital adicional, dentro del proceso productivo.

La gran conclusión política que Marx extrae de lo que denomina "la ley general de la acumulación" es que el capitalismo siempre tiende a generar, en un polo, **más riqueza**, y en el otro polo, **más miseria**. Aunque los salarios aumenten (como sucedió en los principales países capitalistas entre 1945 y 1973, antes del neoliberalismo) y los obreros obtengan vacaciones, aguinaldo y beneficios sociales, el capitalismo genera más capitalismo. Aún en los casos en que los trabajadores ganen más, la distancia proporcional entre ellos y el mundo de la burguesía siempre se ensancha. Marx concluye cuestionando los cambios políticos moderados y graduales: ¡el capitalismo no se puede reformar, pues siempre genera más capitalismo!

CONCENTRACIÓN Y CENTRALIZACIÓN DEL CAPITAL

¿Por qué las grandes empresas siempre triunfan sobre las pequeñas? Porque en el capitalismo existe una tendencia a la concentración y la centralización del capital. Ésa es la lógica de la acumulación. El capital se sustenta en la expropiación continuada y repetida de los trabajadores y en la expropiación periódica de otros capitalistas menores.

Según *El Capital*, la centralización implica la fusión de varios capitales bajo un solo mando común (por lo general, el más poderoso). El pez gordo devora al pez chico. La concentración consiste en el crecimiento en el valor del capital en cada una de las firmas capitalistas, como resultado de la acumulación y la competencia. Aunque la acumulación marca la tendencia de ambos procesos, Marx suele utilizar *acumulación* y *concentración* como sinónimos.

LA ACUMULACIÓN A ESCALA MUNDIAL

El doble proceso que implica la acumulación no sucede exclusivamente dentro de cada Estado-nación. Se multiplica a escala planetaria. Por eso, al elaborar en los *Grundrisse* su primer plan de investigación (donde *El Capital* es, apenas, el primer libro de una media docena que tenía pensado escribir), Marx planifica coronar toda su reflexión con un análisis detallado del mercado mundial. El capitalismo nace entonces como un sistema mundial en permanente expansión. El capital de las metrópolis imperialistas no sólo expropia a sus trabajadores —acumulando— y a otros capitalistas de su país —centralizando—. Además, pugna por apropiarse del plusvalor y la ganancia de los capitalistas de los países dependientes, semicoloniales y periféricos. Históricamente, a medida que se desarrolla el capitalismo a escala mundial, el primer colonialismo capitalista se transforma en imperialismo.

Uno de los mecanismos utilizados por los capitales imperialistas para acumular a escala mundial, apropiándose del plusvalor que las burguesías dependientes extraen de sus trabajadores, es la captura de las ganancias extraordinarias —superiores al promedio social— originadas en el Tercer Mundo. Otro mecanismo, más importante todavía, es el intercambio desigual, basado en la diferencia de productividades nacionales. Por este medio, inmensas sumas de plusvalor se desplazan a nivel global, ya que las mercancías se venden en el comercio internacional a precio de mercado mundial, independientemente de las condiciones productivas en las que fueron generadas. Muchas veces, las materias primas de los países periféricos se venden en el mercado mundial a un precio inferior a sus valores de cambio locales. Así, parte del plusvalor que estas mercancías encierran —generado por la explotación de la fuerza de trabajo de los países del Tercer Mundo— es apropiado por los grandes capitales transnacionales, en detrimento de sus socias menores, las burguesías dependientes. El imperialismo globalizado de nuestros días ha profundizado ese proceso a través del ensanchamiento de la brecha tecnológica y la internacionalización productiva.

EL IMPERIALISMO DE AYER Y DE HOY

El capitalismo nace, desde su génesis, como un sistema mundial en permanente expansión (tanto geográfica como socialmente, ya que no sólo avanza y conquista territorios de ultramar sino también relaciones sociales no capitalistas al interior de las metrópolis). Esa expansión ininterrumpida, muchas veces explosiva —al extremo de haber provocado en el siglo XX dos guerras mundiales e infinitas guerras locales—, recorre diversas fases históricas.

La primera modalidad expansiva del capitalismo es el colonialismo, caracterizado por la conquista total de dominios extraterritoriales. Más tarde, a fines del siglo XIX (tras la muerte de Marx), el antiguo colonialismo se transforma en capitalismo de los monopolios o imperialismo, signado —según la clásica obra de Lenin *El imperialismo, fase superior del capitalismo* (1916)— por la exportación no sólo de mercancías sino, fundamentalmente, de capital financiero y el reparto del mundo. Después de la posguerra de 1945, el desarrollo del imperialismo, a su vez, combina: (a) el neocolonialismo —sustentado en el intercambio desigual, que mantiene el dominio económico sobre las colonias aceptando sus independencias políticas formales— con (b) el capitalismo tardío —revolución tecnológica, reducción del tiempo de rotación del capital dedicado a la maquinaria, armamentismo, mejora de las condiciones de valorización del capital tras la derrota de la clase obrera, inflación permanente, expansión de los servicios e intervención del Estado a favor de los monopolios, etc.—. Esa modalidad de dominio se extiende hasta los años setenta.

EL NEOLIBERALISMO

En el siglo XX, entre 1945 y 1973, el imperialismo —transformado en capitalismo tardío y neo-colonialismo— consolida su hegemonía en Europa occidental, pero va perdiendo la iniciativa en la periferia del sistema mundial. A comienzos de los setenta, producto de la insubordinación de 1968, el capitalismo tardío de la posguerra entra en crisis. A ello se suma una crisis aguda del petróleo y otra del dólar. Comienza una nueva transformación del imperialismo. El capitalismo retoma la ofensiva económica, política, militar e ideológica que había ido perdiendo desde 1917. Se impone como tarea doblegar, a nivel mundial, a la clase obrera metropolitana, los movimientos insurreccionales del Tercer Mundo y fracturar a los países del bloque del Este. La ideología que legitima esa ofensiva es el neoliberalismo, que retoma del antiguo liberalismo la bandera de la libre circulación del capital, pero combinada con formas políticas y culturales dictatoriales, represivas, conservadoras y autoritarias.

El primer "experimento" político mundial del neoliberalismo es el golpe de Estado en Chile, en 1973, del general Pinochet contra el socialista Salvador Allende (1908-1973). Continúa con el sangriento golpe de Estado en la Argentina del general Videla, en 1976. Luego, en 1979, se generaliza con Margaret Thatcher en Inglaterra y, en 1980, con Ronald Reagan en EE. UU. A esto se le suma la crisis terminal del bloque del Este (con la caída del muro de Berlín, en 1989, y la desaparición de la URSS). Producto de esos procesos, el capitalismo, que había nacido hacía cinco siglos como sistema mundial, vuelve a sufrir una nueva expansión planetaria, agresiva y guerrerista. Con el neoliberalismo, el Estado no desaparece, cambia de función. Se retira de la salud y la educación pero interviene en la represión política. Con esta nueva modalidad del imperialismo, crece el militarismo y la explotación de la clase obrera. El neoliberalismo comienza su crisis en 1994 (con el alzamiento, en México, del Ejército Zapatista de Liberación Nacional, EZLN). Esa crisis neoliberal se profundiza con otras rebeliones (Seattle, Praga, Génova, Buenos Aires, etc.). ¿Y hoy? La lucha continúa...

CIRCULACIÓN Y REPRODUCCIÓN DEL CAPITAL

El primer tomo de *El Capital* propone diversas teorías: la del valor, la del dinero, la de la fuerza de trabajo como fuente del plusvalor, la del salario y la de la acumulación —entre muchas otras—. También reconstruye el camino histórico de la acumulación originaria, la cooperación, la manufactura, la gran industria y las luchas proletarias por la reducción de la jornada laboral. Ese inmenso universo está englobado bajo el subtítulo: "El proceso de producción del capital". Pero el capital no queda encerrado en la producción. Se traslada además al mercado —ámbito del intercambio—, vuelve a la producción y así continúa moviéndose. Por eso, el segundo tomo (editado por Engels en 1885) lleva por subtítulo: "El proceso de circulación del capital". En él, Marx no explica el origen del valor y el plusvalor —analizados en el Tomo I—, sino las dificultades del capitalismo para realizarlos. Allí estudia la circulación del capital social global, atendiendo a los problemas, desproporciones y desequilibrios de la reproducción. La circulación, que Marx denomina "rotación", describe el accidentado movimiento del capital a través de sus formas cambiantes: capital dinero, capital mercantil, capital productivo, nuevamente capital mercantil y, finalmente, capital dinero. La reproducción capitalista es, entonces, la unidad del proceso de producción y circulación del capital en su conjunto. Cada capital individual es parte de la totalidad del capital social.

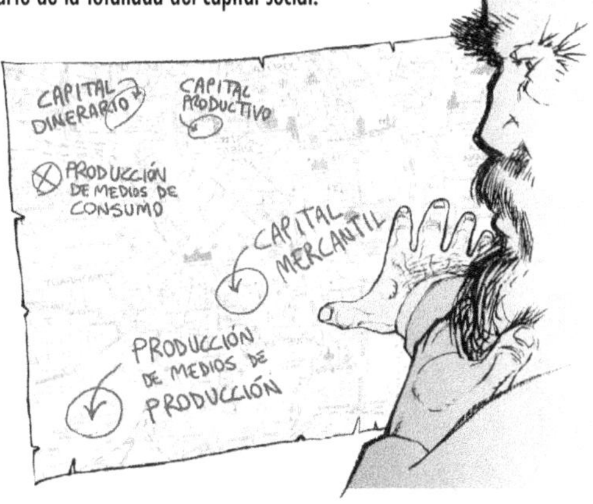

Las "escenas" del Tomo I transcurren, mayormente, en la fábrica. Las del Tomo II, en cambio, en el mercado. Los protagonistas del Tomo II no son tanto el trabajador y el capitalista industrial, sino más bien el propietario de dinero (y el que lo presta), el mayorista, el comerciante y el empresario o "capitalista en funciones".

A diferencia de la imagen del capitalismo que muestra el primer tomo, en los dos tomos siguientes Marx explica que la producción capitalista nunca está fija. ¡El sistema se mueve! La imagen que dejan entrever los tomos II y III de *El Capital* no es una "fotografía" detenida sino una "película". La mirada de Marx se hace "macro". Comienza a observar la sociedad desde un ángulo mayor, focalizando no en una empresa particular, sino en el conjunto de las empresas y en sus dificultades a largo plazo.

DISTINTOS CAPITALES, UN SOLO BOTÍN

El tomo III de *El Capital* es editado por Engels en 1894. Lleva por subtítulo: "El proceso global de la producción capitalista". En él, Marx sintetiza las formas esenciales e "invisibles", donde se produce la explotación y se genera el plusvalor, con las apariencias visibles que éstos adquieren concretamente en el mercado. Toda su exposición va de lo simple a lo complejo, de lo abstracto a lo concreto, demostrando que las crisis no son accidentes fortuitos y esporádicos, sino un fenómeno intrínseco a la sociedad contemporánea. Además de recorrer la transformación de los valores en precios y del plusvalor en ganancia, renta e interés, intenta responder una pregunta estratégica: ¿Adónde va el capitalismo?

Habiendo resuelto en el primer tomo cómo se origina puntualmente el plusvalor, en el tercero se explica cómo participan sectores específicos de las clases dominantes en la distribución de la masa total de plusvalor arrancada a los trabajadores. El reparto del botín se hace entre distintas formas del capital: los capitalistas industriales, los comerciantes, los terratenientes y los banqueros. Por eso Marx analiza la distribución de la torta del plusvalor —cocinada exclusivamente por los obreros— en distintas tajadas: ganancias industriales, ganancias comerciales, intereses bancarios y renta terrateniente.

EL INTERÉS BANCARIO:
CORONACIÓN DEL FETICHISMO

Una de esas tajadas, el interés bancario, constituye la forma suprema del fetichismo, según el Tomo III de *El Capital*. Al depositar en el banco parte de su ganancia (originada en la extracción de plusvalor), los empresarios caen en la máxima apariencia fetichista. Creen que "el dinero genera, solo y por su cuenta, más dinero". Como si estuviera embarazado y pudiera engendrar vida propia. Marx demuestra que ese "plus" que cada depositante retira a fin de mes del banco proviene, en última instancia, de una fracción del plusvalor que los capitalistas de la industria deben ceder a los bancos —y sus depositantes—. Se lo ceden porque éstos les han adelantado préstamos y créditos. Con ellos han comprado materias primas y fuerza de trabajo, las hicieron producir plusvalor y obtuvieron una ganancia que deben repartir. La fuente última del interés bancario no tiene nada de "mágica": depende de la explotación de los trabajadores.

El Capital comienza su primer tomo con la teoría del fetichismo (asociada a la teoría del valor) y culmina su tercer tomo, después de describir el fetichismo del interés bancario, con el despliegue de esa misma teoría bajo "La fórmula trinitaria" (capítulo 48 del tomo III, uno de los principales de la obra). Con ese título irónico, Marx desnuda el fetichismo de las categorías de la economía política que, al intentar explicar las fuentes de la riqueza, confunden la materia física con las formas y las relaciones sociales. Marx les demuestra a los economistas que de la tierra y el suelo no brota la renta, ni del acero de las máquinas, la ganancia industrial, ni de los lingotes de oro, el interés. Esas "confusiones", pretendidamente "científicas", derivan de la personificación de los objetos y de la cosificación de las personas, típicas del fetichismo capitalista. La teoría del fetichismo atraviesa entonces, como un hilo rojo, todo *El Capital*.

PLUSVALOR Y TASA DE GANANCIA MEDIA

Después de indagar en el Tomo I de *El Capital* tras la cara oculta del capitalismo –la producción–, Marx aborda en el Tomo III su máscara visible: el mercado. En el Tomo I define la tasa de plusvalor –el grado de explotación– comparando el plusvalor con el capital variable. Aquí: mayor plusvalor = mayor explotación. En el Tomo III, la tasa de ganancia compara el plusvalor con todo el capital adelantado (incluyendo no sólo al variable –valor de fuerza de trabajo–, sino también al constante –valor de maquinarias, edificio, materias primas–). Aquí: mayor plusvalor = mayor "rendimiento" del capital. Para Marx, la categoría de plusvalor es anterior a la de ganancia, porque esta última, al no distinguir capital constante de variable (y tomarlos en bloque), no permite apreciar cuál es su fuente: la explotación de la fuerza de trabajo. En el Tomo III, Marx analiza la tasa de ganancia, pero ya no a partir de un capital individual, sino del promedio de muchos capitales. En el capitalismo existen diferentes sectores (producción de bienes de consumo, de bienes de producción, etc.). Cada sector incluye ramas productivas (metalurgia, petroquímica, alimenticia, vestimenta, etc.). En cada rama y sector, el nivel de explotación varía (tienen diferentes proporciones entre el plusvalor y el capital variable). Pero ninguna rama industrial recibe directamente el plusvalor producido por sus trabajadores singulares, sino un promedio del conjunto.

La hipótesis de Marx es que existe una tendencia a la nivelación de las tasas de ganancia. Esta tendencia resulta de la redistribución entre los patrones del conjunto del plusvalor expropiado a los trabajadores, ya que los capitalistas compiten entre sí. Esta redistribución resulta del flujo y reflujo de los capitales, que afluyen hacia los sectores donde las ganancias son más elevadas que el promedio y se apartan de donde son más bajas. Este movimiento provoca una competencia exacerbada y genera una tendencia a igualar las cuotas de ganancia en las diferentes ramas de la producción. Por la competencia y el movimiento de los capitales se alcanza finalmente una tasa media de ganancia. Cada sector capitalista se hace cómplice al quedarse con un sector del botín. Cada tajada tiende a igualarse con las demás tajadas.

TENDENCIA A LA CAÍDA DE LA TASA DE GANANCIA

La tasa de ganancia se obtiene al comparar el plusvalor con la sumatoria de capital constante + capital variable. Comparando el plusvalor obtenido con el total del capital adelantado por el empresario. Como sólo la fuerza de trabajo crea valor y plusvalor —las máquinas sólo lo conservan o transfieren, no lo crean—, a mayor proporción de capital constante, menor tasa de ganancia. Esto es: más máquinas = menos obreros = menos plusvalor = menos ganancia proporcional.

Marx llega a la conclusión de que cada capital, si quiere competir y ganarle a los demás, sofocando la resistencia de los trabajadores, tiene que invertir en tecnología y maquinarias. Debe aumentar su capital constante. ¡Pero el capital constante no genera nuevo valor ni plusvalor! Sólo lo hace el capital variable. Por lo tanto, lo que beneficia al empresario individual, perjudica al sistema en su conjunto.

Si en el capitalismo existe una tendencia al aumento del capital constante por sobre el variable —Marx la denomina aumento en la composición orgánica del capital— y si la tasa de ganancia se mide comparando el plusvalor con el capital constante y variable juntos, entonces existe una tendencia a que disminuya la proporción entre lo que el conjunto de los empresarios invierten y lo que ganan: la tasa de ganancia irá disminuyendo. Una de las piezas centrales del Tomo III de *El Capital* es esa conclusión de Marx: la baja tendencial de la tasa general de ganancia.

LAS CRISIS DEL SISTEMA

Si la búsqueda de la ganancia es el corazón del sistema capitalista y si existe una tendencia a la caída de la tasa de ganancia, pues entonces... ¡el capitalismo tiene serios problemas cardíacos! Como cada grupo de capitalistas sólo persigue su propio interés particular —el de su empresa o conglomerado de firmas—, el mercado capitalista se rige por una lógica global completamente desordenada. Lo que muchas veces beneficia a un sector especial de empresarios, perjudica al capitalismo en su conjunto. La regulación social del trabajo global y su distribución en las diversas ramas y sectores no es racional. Está fuera de control, pues opera a espaldas de los agentes de la economía. Al estar guiada únicamente por la maximización inmediata de las ganancias, la situación general se vuelve caótica a largo plazo. Esa es la base objetiva de las crisis capitalistas.

¿Cómo son estas crisis? **¡Para Marx no tienen una única causa!** Se expresan, al mismo tiempo, como crisis de sobreproducción de mercancías, sobreacumulación de capital, desproporción entre los diversos sectores de la economía y subconsumo de las masas populares. Durante tales crisis, el capital involucrado en la producción no puede ser recuperado debido a que las mercancías ya no pueden ser vendidas (o sólo pueden venderse con pérdidas). A pesar de que hay una masa importante de exceso de capital en la economía, declina la inversión y el empleo, hay recesión, el capital invertido pierde rápidamente su valor, se rompe la cadena de pagos, hay bancarrota comercial y todo el sistema sufre un cimbronazo.

¿EL CAPITALISMO SE CAERÁ SOLO?

¿La crisis del modo de producción capitalista es terminal? De la tendencia a la caída de la tasa de ganancia, cuya existencia Marx demuestra en el Tomo III de *El Capital*, muchos discípulos suyos dedujeron erróneamente "el derrumbe" inminente, indeclinable, ineluctable y necesario del capitalismo. Tarde o temprano, el capitalismo se caería solo... ¡incluso sin que nadie lo empuje! Prácticamente no harían falta las resistencias ni las revoluciones, porque su crisis interna lo voltearía.

Ese tipo de lecturas catastrofistas y apresuradas de *El Capital* —que lo interpretaban desde un ángulo absolutamente determinista— olvidan que el propio Marx, inmediatamente después de exponer esa tendencia a la caída de la tasa de ganancia, alerta a sus lectores que existen **"causas y fuerzas contrarrestantes"**. Entre otras: (a) elevación del grado de explotación del trabajo (aumento de la tasa de plusvalor), la más importante de todas, (b) reducción del salario por debajo de su valor, (c) abaratamiento de los elementos del capital constante, (d) sobrepoblación relativa, (e) comercio exterior, (f) aumento del capital accionario.

Para Marx, el capitalismo jamás se caerá solo (como una fruta madura de un árbol). Las crisis —entre cuyas causas se encuentra la resistencia obrera que obliga a invertir en capital constante para doblegarla— constituyen la condición de posibilidad para el accionar político revolucionario. Pero sin éste, sin la intervención activa de un sujeto colectivo, no hay posibilidad alguna de superar el capitalismo en un sentido revolucionario, que vaya más allá de las reformas.

¿POR QUÉ NUNCA SE DERRUMBA EL CAPITALISMO?

Los capitalistas jamás permanecen pasivos. Intentan frenar la tendencia al descenso de su tasa de ganancia, y postergar indefinidamente la crisis y su amenaza, aumentando la tasa de plusvalor. Dado que el refuerzo de la explotación constituye la principal "fuerza contrarrestante", el capitalismo necesita controlar y doblegar la rebeldía de la clase trabajadora. Para ello, combina la extracción de plusvalor absoluto y relativo, las diversas modificaciones en la organización del trabajo (taylorismo, fordismo, toyotismo, etc.) con las mutaciones de las políticas económicas de Estado (keynesianismo, neoliberalismo) y las violentas represiones. En su conjunto, todas ellas constituyen iniciativas políticas destinadas a conjurar el fantasma de la crisis. A eso se le suma el creciente carácter guerrerista del imperialismo globalizado de nuestros días. La necesidad de conservar y reproducir el orden social combina, en un mismo entramado, iniciativas políticas, ideológicas, militares y económicas.

Cuando Marx analiza la producción continuada de relaciones sociales capitalistas, propone la teoría de la reproducción (simple y ampliada). La reproducción simple se da cuando el capitalismo vuelve a repetir su ciclo en la misma escala que años anteriores. La reproducción ampliada —también denominada acumulación— se caracteriza por aumentar la escala, tanto en la utilización de nuevo capital variable como de capital constante. Para que el capitalismo funcione y logre sortear sus crisis periódicas tiene que lograr su reproducción ampliada. Eso jamás se lograría con el supuesto "funcionamiento automático" de la economía. No hay economía "pura" sin relaciones de poder y dominación. Sin violencia y sin la construcción y recreación cotidiana de la hegemonía capitalista, sería impensable repetir y reproducir el orden burgués de la sociedad.

REPRODUCCIÓN Y HEGEMONÍA

¿Por qué cada mañana, mes y año, el infierno vuelve a comenzar? Si la clase trabajadora no vive feliz, ¿por qué no acaba con todo? Según las lecturas deterministas que interpretan de modo catastrofista *El Capital*, resulta incomprensible que el capitalismo no se derrumbe ni explote por sí mismo. Sin embargo, existe una explicación. Como demuestra Antonio Gramsci en sus *Cuadernos de la cárcel*, la clave está en la hegemonía. No hay reproducción del capital que pueda prescindir de la hegemonía. (Hoy en día, la principal institución hegemónica son los medios de comunicación.) La hegemonía equivale a la cultura y la ideología que un grupo social logra generalizar para otros, pero incluye también una relación de poder, jerarquía e influencia. Es un proceso que expresa la conciencia, la ideología y los valores de una clase organizados políticamente, que ejercen su influencia y su dirección política y cultural sobre los trabajadores.

Como la hegemonía no es un sistema formal, nunca se acepta de forma pasiva. Está sujeta a la lucha, a la confrontación y a una serie de "tironeos". La burguesía debe renovarla día a día, recrearla, intentando neutralizar a su adversario, incorporando sus reclamos desgajados de toda peligrosidad. La hegemonía es elástica: deja la posibilidad para operar desde otro ángulo, desde la rebeldía obrera y la crítica socialista contra el capitalismo, desde la contrahegemonía. La hegemonía debe neutralizarla y viceversa. Si la hegemonía burguesa fuera absolutamente determinante, sería impensable cualquier resistencia. Pero eso no sucede ni siquiera en las antiutopías más pesimistas, como las novelas *Un mundo feliz* (1932) de Aldous Huxley, *1984* (1949) de George Orwell, *Fahrenheit 451* (1953) de Ray Bradbury, ni en los filmes *Brazil* (1984) de Terry Gilliam o *Matrix* (1999) de los hermanos Larry y Andy Wachowski. ¡Donde hay poder hay resistencia!

REPRODUCCIÓN Y VIOLENCIA

A pesar de la recreación de la hegemonía burguesa, la resistencia de los trabajadores nunca se apaga. Se manifiesta de diversos modos: de manera visible y abierta —grandes manifestaciones, huelgas, existencia de organizaciones revolucionarias, lucha de calles, etc.— o también en forma "imperceptible y microscópica" —ausentismo, robos de pequeñas mercancías en el supermercado, indisciplina laboral, llegadas tarde, etc.—. Tiene numerosos niveles de confrontación: desde la minúscula rebeldía en la oficina, la fábrica o el colegio hasta los conflictos armados que derivan en guerra civil en la que intervienen millones de personas. De un extremo al otro del arco, se trata de no obedecer la pretendida "normalidad" del capitalismo. Si la hegemonía no alcanza entonces para neutralizar la resistencia, ¿qué otros medios emplea el capitalismo para "ordenar" la sociedad? Fundamentalmente, el ejercicio de la fuerza material: la violencia. No hay reproducción económica del capital sin violencia.

Oponiéndose a la visión liberal de la historia, según la cual el conflicto interrumpe dos momentos de armonía pacífica, Marx señala que la violencia está en la base de la sociedad. No existe la economía por un lado y la violencia por el otro. Son dos caras de la misma moneda capitalista. Por eso, en *El Capital*, afirma que "la violencia es la partera de toda sociedad vieja preñada de una nueva. **Ella misma es una potencia económica**". La violencia es una parte constituyente e insustituible de la reproducción del capital. De ahí que actúe como "potencia económica". No queda recluida únicamente en el terreno de las instituciones políticas.

SUJETO Y LUCHA DE CLASES EN *EL CAPITAL*

Según las apariencias fetichistas del mercado y los grandes medios de comunicación, los protagonistas centrales de la sociedad contemporánea son el dinero y el capital, la bolsa de valores, los bancos y las grandes firmas. Pero la investigación de Marx en *El Capital* demuestra que, más allá de las apariencias, el auténtico sujeto es el conjunto de trabajadores y trabajadoras. Son ellos y ellas quienes recrean la realidad social, día tras día, año tras año. Bajo la máscara petrificada del capital y su ganancia, late el trabajo vivo, la única fuente creadora de valor y plusvalor. Bajo las ficciones de la armonía social, el equilibrio y "la paz", palpita la lucha de clases. Ése es el núcleo de fuego que recorre todo *El Capital*, incluso en sus segmentos más estrictamente "económicos" donde afloran las fórmulas matemáticas.

Al resumir los tres tomos de su obra, en una carta a Engels del 25/3/1868, Marx deja en claro el lugar central que en ella ocupa la lucha de clases: "Por último hemos llegado a las formas de aparición que sirven de punto de partida en la concepción vulgar: la renta proveniente de la tierra, la ganancia (interés), que surge del capital, los salarios, que provienen del trabajo. (...) Todo el movimiento tiene lugar en esa forma aparente. Finalmente, puesto que esas tres (salarios, renta del suelo, beneficios (interés)) constituyen las respectivas fuentes de ingreso de las tres clases —terratenientes, capitalistas y trabajadores asalariados— **tenemos, en conclusión, la lucha de clases** en que se resuelve todo el movimiento y **nos da la clave para acabar con esta basura**". ¡Esa es la gran conclusión política de *El Capital*!

EL SUJETO EN ACCIÓN... LA COMUNA

Marx ve confirmado su análisis de *El Capital* con la heroica revolución de los obreros y las obreras de París. Allí, luego de dos décadas de dictadura de Luis Bonaparte, el 4/9/1870 se proclama la República. Luego, el 18/3/1871, se declara la guerra entre París y el gobierno de Louis-Adolphe Thiers (1797-1877) —que había huido con sus tropas, instalándose en Versalles—. Entonces, **por primera vez en la historia, los trabajadores toman el poder** y establecen, el 28/3/1871, la Comuna. Ésta se extiende hasta el 21/5/1871. Durante dos intensos meses, la clase obrera destruye el aparato estatal de la burguesía (ejército, policía, burocracia), distribuye las armas a todo el pueblo, dispone la elección de funcionarios y jueces por elección popular y con carácter revocable, separa la escuela y el Estado de la Iglesia, entrega a los trabajadores todas las empresas abandonadas por los patrones y dispone que la remuneración de todo funcionario no sea superior al salario de un obrero. Intentado sintetizar ese programa revolucionario, Marx escribe: "La Comuna aspiraba a **la expropiación de los expropiadores**". Esta última expresión cerraba precisamente *El Capital*...

Como otras revoluciones de la historia, la Comuna es sangrientamente reprimida por la burguesía. Bismarck (con quien Francia estaba en guerra) deja en libertad a 100.000 soldados franceses prisioneros para aplastar la revolución. La venganza y el odio de clase de la burguesía no tienen límite. En pocos días, cerca de 30.000 trabajadores son asesinados; 45.000 detenidos y muchos ejecutados posteriormente; miles encarcelados, desterrados o condenados a trabajos forzados. En total, París pierde cerca de 100.000 de sus mejores hijos e hijas. En *La guerra civil en Francia* (concluida el 30/5/1871, una semana después de la derrota), Marx exclama: "¡Gloriosa civilización esta, cuyo gran problema estriba en saber cómo desprenderse de los montones de cadáveres hechos por ella después de haber cesado la batalla!". Exactamente el mismo "problema" que tuvieron Hitler, Pinochet, Videla y el resto de las dictaduras burguesas en el siglo XX...

LA COMUNA: REPÚBLICA Y PODER OBRERO

La importancia histórica de la Comuna de París no reside solamente en el heroísmo de la clase trabajadora, el auténtico sujeto de *El Capital*. Además, ocupa un lugar central en la reflexión teórica de Marx por haber mostrado en la práctica que las instituciones políticas de la burguesía no son imprescindibles. Según *La guerra civil en Francia*, la Comuna reemplaza al parlamento burgués y a las instituciones políticas de los empresarios con "**una república** que no acaba sólo con la forma monárquica de la dominación de clase sino con la propia dominación de clase". Marx la define como "**la forma política al fin descubierta** para llevar a cabo la emancipación económica del trabajo".

El 9/9/1870, medio año antes, Marx advierte a los franceses, en un llamamiento de la Internacional, que la insurrección sería "una locura desesperada". No obstante, una vez desencadenada y proclamada la Comuna, Marx los apoya con entusiasmo y energía. **La Comuna expresa el poder obrero y el autogobierno de los trabajadores**. Al reemplazar al ejército oficial por la milicia popular y a la burocracia parlamentaria por la democracia directa, ataca el centro del poder político burgués. La Comuna no perfecciona, cambiando de manos, el viejo aparato político militar de la burguesía, sino que lo destruye. Repleto de admiración, en una carta del 12/4/1871, Marx le dice a su amigo Ludwig Kugelmann (1830-1902): "¡Qué flexibilidad, qué iniciativa histórica y qué capacidad de sacrificio tienen estos parisienses! La historia no conoce todavía ejemplo de heroísmo semejante". Si Marx tiene un reproche que hacerles a estos revolucionarios "valientes hasta la locura y **dispuestos a tomar el cielo por asalto**" es el de no haber marchado directamente a la ofensiva sobre el gobierno reaccionario de Versalles.

LAS MUJERES EN LA COMUNA

En *La guerra civil en Francia*, Marx enaltece a las mujeres revolucionarias de la Comuna. Dice que las revolucionarias son "las auténticas mujeres de París, heroicas, nobles y abnegadas". Estas revolucionarias crean sindicatos específicos para las mujeres. Participan de clubes políticos, reivindicando la igualdad de derechos, como el Club de los Proletarios y el de los Librepensadores. Generan organizaciones, como el Comité de Mujeres para la Vigilancia, el Club de la Revolución Social, el Club de la Revolución y la Unión de Mujeres para la Defensa de París y la Ayuda a los Heridos, fundada por integrantes de la Internacional, influidas por Marx. Además, publican periódicos para mujeres: *Le Journal des Citoyennes de la Comuna* (Periódico de los Ciudadanos de la Comuna) y *La Sociale* (La Sociedad).

Uno de los batallones —120 mujeres de la Guardia Nacional— lucha con valentía en las barricadas. Obligadas a retirarse de la barricada de la Place Blanche, se trasladan a la Place Pigalle y resisten hasta que las rodean. Algunas escapan al Boulevard Magenta, donde mueren. Se destaca Louise Michel, fundadora de la Unión de Mujeres para la Defensa de París y miembro de la Asociación Internacional de los Trabajadores (AIT). También: Elizabeth Dmitrieff, socialista y feminista; André Léo, del periódico *La Sociale*; Beatriz Excoffon, Sophie Poirier y Anna Jaclard, del Comité de Mujeres para la Vigilancia; Marie-Catherine Rigissart, que comanda un batallón de mujeres; Adélaide Valentin, que llega a coronela, y Louise Neckebecker, capitana de compañía; Nathalie Lemel, Aline Jacquier, Marcelle Tinayre, Otavine Tardif y Blanche Lefebvre, fundadoras de la Unión de Mujeres, y Joséphine Courbois, "la reina de las barricadas" durante las jornadas de 1848. Otras son: Jeanne Hachette, Victorine Louvert, Marguerite Lachaise, Josephine Marchais, Leontine Suétens y Natalie Lemel. Las tropas burguesas ejecutan a cientos de mujeres. Las apalean hasta morir, por "incendiarias" y haber prendido fuego edificios públicos. Luego de la derrota, entre agosto de 1871 y enero de 1873, se somete a 1.051 mujeres a consejos de guerra: a 8 se las sentencia a muerte, 9 a trabajo forzado y 36 se deportan a colonias penitenciarias.

LA COMUNA: TÁCTICA Y ESTRATEGIA

La insurrección de la Comuna de París deja a la tradición marxista revolucionaria numerosas enseñanzas. Sobre la base de los primeros balances realizados por Marx, Lenin desarrolla una estrategia de largo aliento. En la Comuna encuentra un elemento fundamental, presente en muchas revoluciones del siglo XX: **la transformación de la guerra entre Estados-naciones en guerra civil revolucionaria, en guerra interna a cada sociedad**. Si para el ejército burgués cada individuo no es más que un "soldado-ciudadano", Lenin defiende la idea del partido revolucionario y del "obrero combatiente".

¿Qué es la estrategia? Es la distribución en el tiempo y en el espacio de los choques, encuentros, conflictos y batallas entre los revolucionarios y quienes ejercen el poder. No se puede confrontar a toda hora y en cualquier lado, de manera improvisada, caprichosa y arbitraria. A partir del análisis de la Comuna y de otros levantamientos populares, Lenin encuentra determinadas regularidades en la lucha de clases. Tomando en cuenta esas constantes históricas, concluye que a los trabajadores les conviene tener **un plan a largo plazo** para confrontar sólo cuando ellos son más fuertes (porque previamente acumularon fuerzas) y su enemigo burgués, aunque poderoso, más débil.

TÁCTICA Y ESTRATEGIA

A los ojos de Marx, la Comuna de París debe dejar enseñanzas políticas a la clase obrera —no sólo francesa sino internacional—. Entre otras, Marx sugiere que la táctica del día a día debe moverse sobre una estrategia a largo plazo. Estratégicamente, Marx venía promoviendo ya desde *El 18 brumario de Luis Bonaparte* (1852) la lucha por la destrucción del aparato del Estado burgués. Sin embargo, tácticamente, las coyunturas iban cambiando. Por eso, meses antes del estallido de 1871, él sugiere no levantarse en armas. Luego, la realidad indica que hay un cambio táctico. Entonces, ya estallada la insurrección, Marx recomienda una ofensiva inmediata sobre la reacción de Versalles.

La estrategia señala un objetivo prioritario y marca un plan a largo plazo para realizarlo, previniendo los mejores momentos y lugares para establecer una confrontación. Pero en la vida cotidiana, la lucha de clases aparece a cada paso. Ese "día a día" se denomina coyuntura. La pura estrategia no alcanza para actuar en ella. Hay que tener también una táctica, que consiste en la aplicación de las grandes líneas directrices a una situación concreta. Si la estrategia política pone el énfasis en los fines a largo plazo, la táctica destaca los medios para llegar al fin. Aunque en la historia medios y fines, táctica y estrategia siempre deben estar relacionados.

CRISIS Y SITUACIÓN REVOLUCIONARIA

Las revoluciones no surgen por arte de magia ni a gusto del revolucionario. Para que se produzca una crisis revolucionaria deben converger al mismo tiempo contradicciones y condiciones. Al intentar superar la visión mecánica que deposita todas sus esperanzas únicamente en las crisis económicas, Lenin —siguiendo a Marx y Engels— afirma que la mera crisis económica no deriva en una situación revolucionaria. Ésta presupone cambios objetivos pero también subjetivos. Para el método dialéctico del marxismo, lo objetivo y lo subjetivo se complementan y determinan recíprocamente.

Las condiciones objetivas de una situación revolucionaria tienen que ver con los problemas de la reproducción capitalista y la crisis económica. Las subjetivas, con el nivel de organización y de conciencia de las masas populares y los trabajadores. Las condiciones nunca están completas si no existe una intervención activa y organizada de las masas populares. "Para que estalle la Revolución —alerta Lenin— no alcanza con que los de abajo **no quieran** seguir viviendo como antes. Hace falta además que los de arriba **no puedan** seguir como hasta entonces".

LA "CUESTIÓN RUSIA"

Desde su juventud, Marx odia al zarismo (una forma especial de gobierno despótico que existía en Rusia), porque todos los reaccionarios de Europa recibían su apoyo. Pero a Marx le llama poderosamente la atención el movimiento revolucionario ruso. En particular, aquellas corrientes partidarias del ataque frontal contra el despotismo (existieron varios atentados contra el zar —una especie de rey— o contra sus temibles jefes de policía). A partir de 1870 comienza a estudiar en detalle la "cuestión Rusia". Además de la política, también le atraen los problemas agrarios (importantes en el Tomo III de *El Capital)* de una sociedad atrasada como Rusia. Para poder estudiarlos en profundidad llega incluso a estudiar idioma ruso.

Desde 1868 hasta sus respectivas muertes, Marx y Engels mantienen una nutrida correspondencia con Nikolái Frántsevich Danielsón (1844-1918), partidario ruso de los *Narodniki* **(populistas**: corriente radical que propiciaba la superación del capitalismo a través de la comuna campesina). Danielsón es el traductor de los tres tomos de *El Capital* a idioma ruso. Él le proporciona a Marx gran parte de los materiales sobre Rusia que éste estudia durante la última década de su vida.

¿MARXISMO = ESTATISMO?

La derrota sangrienta de la Comuna de París debilita enormemente a la Asociación Internacional de los Trabajadores (AIT). Luego de trasladarse a Nueva York y padecer continuas discordias intestinas, ésta se disuelve en 1872. Poco tiempo después, en 1875, las dos fracciones alemanas de la AIT —los partidarios de Ferdinand Lasalle (1825-1864) y los seguidores de August Bebel (1840-1913) y Wilhelm Liebknecht (1826-1900)— se unifican en un mismo grupo: el Partido Socialista Obrero de Alemania. El Congreso de unificación se realiza en Gotha.

En 1875 Marx somete a una crítica demoledora el programa de unificación del congreso realizado en Gotha. Su crítica se hizo célebre con el título *Crítica del Programa de Gotha* (1875). Allí cuestiona duramente el intento (principalmente de los discípulos de Lasalle) de subordinar el socialismo bajo el ala "protectora" del Estado. Marx es muy claro y tajante: **los revolucionarios no defienden al Estado, son sus críticos**. La clase trabajadora debe construir su autonomía en el plano organizativo, ideológico y político. No debe caer en las "tentaciones" que la burguesía le tiende a cada paso para neutralizar la protesta, cooptarla y "meterse en el bolsillo" toda oposición radical.

EL MARXISMO Y LA EDUCACIÓN

Entre otros, la *Crítica del Programa de Gotha* aborda el tema de la educación, sobre el que Marx ya había escrito treinta años antes. En las *Tesis sobre Feuerbach* había señalado: "La teoría materialista de que los hombres son producto de las circunstancias y de la educación, y de que, por tanto, los hombres modificados son producto de circunstancias distintas y de una educación modificada, olvida que son los hombres, precisamente, los que hacen que cambien las circunstancias y que **el propio educador necesita ser educado**".

Al criticar a quienes pretenden subordinar el socialismo dentro del Estado —y olvidando que este último jamás es neutral ni "defiende a todos por igual"—, Marx reclama que los trabajadores luchen por la autoeducación. Les recomienda crear sus propias instituciones culturales, tratando de atraer y ganar a los intelectuales y a los educadores para la causa obrera. Ellos también necesitan ser reeducados (por los trabajadores, rompiendo con la influencia burguesa). A partir de esta crítica de Marx, años después, Antonio Gramsci propondrá la lucha por la hegemonía socialista como una de las tareas básicas de la clase trabajadora.

¿MARX = DARWIN?

Durante siglo y medio existió un error... Marx le regaló a Charles Robert Darwin (1809-1882) la segunda edición (1873) del Tomo I de *El Capital*. Vivían a 30 kilómetros uno del otro. Darwin le respondió agradeciéndole, en octubre de 1873, aunque le confesó que no entendía de economía. Más tarde, el 13/10/1880, Darwin escribió una segunda carta, encabezándola con "Estimado señor". No decía a quién. Allí agradecía que se le dedicara la obra pero lo rechazaba porque ofendería "al cristianismo y al teísmo". Durante 150 años todos creyeron que esta segunda carta de Darwin estaba dirigida a Marx... y que éste pensaba dedicarle el Tomo II de *El Capital*... ¡Grave confusión! Esta segunda carta estaba dirigida, en realidad, a Edward Aveling (novio de Eleanor Marx, hija de Marx), quien le había escrito a Darwin el 3/10/1880 ofreciéndole la dedicatoria de una obrita suya que resumía la teoría de la evolución. Marx siempre pensó dedicarle los Tomos II y III de *El Capital* a su esposa Jenny, ¡no a Darwin! **La confusión generada ayudó a que muchos asociaran el marxismo a una visión evolucionista de la historia.**

Marx y Engels admiran a Darwin. Pero jamás asimilan ambas teorías. Ni siquiera Engels —más atraído por las ciencias naturales y la biología que Marx— se animó jamás a identificar marxismo y darwinismo. Aunque en su *Anti-Dühring* (1878) y en su *Dialéctica de la naturaleza* (obra póstuma, escrita entre 1873 y 1883, con agregados de 1885 y 1886) Engels analiza a Darwin, alerta contra falsas identificaciones. Afirma que la teoría darwinista de "la lucha por la existencia" es la extensión desde la sociedad a la naturaleza de las teorías de Thomas Hobbes (1588-1679) —"la guerra de todos contra todos"— y de la de Thomas Robert Malthus —el exceso de población—. Concluye: "La concepción de la historia (de Marx) como una serie de luchas de clases es mucho más rica de contenido y más profunda que su reducción a fases, apenas distinguidas entre sí, de la lucha por la existencia".

MARX CONTRA LAS RECETAS EVOLUCIONISTAS

La teoría marxista de la historia no es evolucionista. Su clave está en las rebeliones y revoluciones, no en la "evolución" ni en los cambios graduales. Además, jamás propone que todas las sociedades deben pasar por las mismas etapas de desarrollo (a imagen y semejanza de Europa occidental). Por ejemplo, a fines de 1877, en una carta enviada a la redacción de la revista político-literaria rusa *Otiéchestviennie Zapiski* (Anales de la patria), Marx aclara que *El Capital* no consiste en "una teoría filosófica-histórica sobre **la trayectoria general a que se hallan sometidos fatalmente todos los pueblos,** cualesquiera que sean las circunstancias históricas que en ellos ocurran". Defendiendo la especificidad de "diferentes medios históricos", allí rechaza explícitamente la "teoría general de filosofía de la historia" por ser suprahistórica y no dar cuenta de las vías alternativas y coexistentes de desarrollo social.

En esa misma carta de 1877, redactada en francés, Marx afirma que un país campesino y agrario como Rusia bien puede seguir un camino de desarrollo distinto del de Europa occidental, **saltando la etapa capitalista. No hay evolución lineal** que emane de Europa y se irradie hacia el resto del mundo. "He llegado al resultado siguiente —afirma Marx—: si Rusia sigue marchando por el camino que viene recorriendo desde 1861, desperdiciará la más hermosa ocasión que la historia ha ofrecido jamás a un pueblo **para esquivar todas las fatales vicisitudes del régimen capitalista**".

LA ÚLTIMA POLÉMICA
CONTRA LA ECONOMÍA POLÍTICA

Marx redacta las *Notas marginales al «Tratado de economía política» de Adolph Wagner* probablemente entre la segunda mitad de 1879 y noviembre de 1880 (aunque algunos autores lo atribuyen al período 1881-1882). En estos papeles polémicos (publicados póstumamente por Riazanov en 1930), Marx contesta acusaciones del "socialista de cátedra" y economista alemán Adolph Wagner (1835-1917). En una carta a Karl Kautsky del 23/5/1884, Engels caracteriza a Wagner como un defensor de Bismarck. En su crítica, Marx lo califica de ayudante de Johann Karl Rodbertus (1805-1875), economista prusiano, partidario del socialismo de Estado. Aunque Wagner es un intelectual de segunda línea, lo más sugerente de la réplica de Marx son las aclaraciones que realiza sobre *El Capital*.

Wagner le reprocha a Marx haber empezado *El Capital* por el concepto de "valor" y, desde allí, deducir en forma metafísica diversas categorías. Marx le responde que *El Capital* se inicia con algo bien tangible. No un concepto —valor—, sino con la forma social del producto del trabajo en el capitalismo, su célula básica: la mercancía. En cuanto a la teoría del valor, Wagner sostiene que éste se basa en la utilidad de las cosas. Marx le replica insistiendo, como en *El Capital*, con la diferencia entre "valor de uso" —el carácter útil de las cosas— y "valor" —la relación social—. Wagner no puede comprenderlo porque no distingue trabajo útil y concreto de trabajo abstracto. Estos materiales son el último texto escrito por Marx sobre la crítica de la economía política. Fiel a su espíritu combativo de siempre, corona cuarenta años de investigación dando batalla y polemizando contra los economistas. Todo un estilo.

EL CAPITAL, EL EUROCENTRISMO Y LAS COLONIAS

En *El Capital*, Marx emprende un camino distinto del de toda filosofía universal de la historia. Su crítica de la economía política y su concepción historiográfica rechazan las recetas generales que reducen la riqueza y la multiplicidad de la historia a un esquema fantasmagórico. Ese tipo de simplificaciones constituye la base de la ideología eurocéntrica que adopta como "modelo universal" lo que sucedió en Europa occidental e intenta trasladarlo mecánicamente a cualquier parte del planeta. Principalmente al mundo colonial, periférico, subdesarrollado y dependiente.

Marx rompe amarras con toda visión eurocéntrica y comienza a estudiar sociedades no europeas. La inquietud inicial surge en la década de 1850 con el análisis del comercio exterior de Inglaterra, su trato hacia las colonias y la lectura de documentos británicos sobre las comunidades aldeanas y la sociedad india del siglo XIX. Luego, en los sesenta y setenta, se multiplica a otros temas. Fascinado ante el mundo que descubre, su mirada se amplía notablemente. Marx comienza a repensar sus primeras hipótesis sobre la historia. La visión juvenil —que aún tiñe *El Manifiesto Comunista*—, según la cual "la civilización" se reduce a Europa y el resto del mundo constituye "la barbarie", es totalmente abandonada. Existen muchas civilizaciones coexistentes. Diversas vías de desarrollo alternativo, no un marco único que se repite mecánicamente por doquier. En sus últimos años, a partir de 1880, Marx comienza a leer, estudiar y anotar textos antropológicos. Los devora con pasión.

MARX Y LA ANTROPOLOGÍA

La antropología es una disciplina social que nace en el siglo XIX bajo el impulso del colonialismo europeo occidental. Incapaces de criticarse a sí mismas, las sociedades capitalistas metropolitanas se disponen a estudiar a los pueblos colonizados de ultramar. Los denominan de diversos modos: "sociedades *folk*", "sociedades primitivas", "sociedades bárbaras", "sociedades antiguas", "sociedades arcaicas", etc. Es más fácil estudiar al "otro" que estudiarse a sí mismo. El pensamiento de Marx sigue un camino inverso. Comienza su investigación con la crítica implacable de su propia sociedad, capitalista y metropolitana, y prolonga ese análisis con el estudio del producto del colonialismo: las sociedades subyugadas, oprimidas y periféricas.

Entre 1880 y 1882 Marx redacta dos cuadernos de apuntes antropológicos y etnológicos. En ellos incorpora numerosos extractos de los antropólogos de su tiempo: Lewis Henry Morgan (1818-1881), Sir John Budd Phear, Sir Henry Sumner Maine y Sir John Lubbock. Ambos cuadernos parten del estudio de la "sociedad antigua" y luego continúan con el tema del colonialismo. La conclusión general a la que llega Marx afirma que el desarrollo de la humanidad nunca tiene un centro único (Europa occidental) ni sigue una evolución lineal (esclavitud-feudalismo-capitalismo). En su obra de madurez *El origen de la familia, la propiedad privada y el Estado* (1884), Engels utiliza los extractos de Marx sobre *La sociedad antigua* (1877) de Morgan. Pero en 1884 Engels deja de lado varias sugerencias historiográficas y antropológicas de Marx. Por ejemplo, el concepto de "modo de producción asiático", con el que Marx explicaba la transición no europea de la antigüedad al mundo moderno.

LOS POPULISTAS RUSOS Y LA COMUNA CAMPESINA

De la misma manera que Marx simpatiza con los radicales de Irlanda, también lo hace con el movimiento *narodniki* (populista radical) ruso. Por ejemplo, refiriéndose al grupo *Naród-naia Volia* ("La voluntad del pueblo"), que el 1/3/1881 había ejecutado en un atentado en Rusia al emperador Alejandro II, Marx le escribe el 11/4/1881 una carta a su hija mayor Jenny Marx Longuet y le pregunta: "¿Has seguido el juicio de San Petersburgo contra los autores del atentado? **Son gente que vale mucho, sin actitudes melodramáticas, sencillas, serias y heroicas.** Charlar y hacer son cosas totalmente opuestas. El Comité Ejecutivo de San Petersburgo, que actúa tan enérgicamente, lanza manifiestos de «moderación» refinada. Esto está muy lejos de la forma pueril en que Most y otros llorones infantiles predican el tiranicidio como «teoría» y como «panacea»".

El 24/1/1878, la revolucionaria rusa Vera Ivánovna Zasúlich (1851-1919) le había disparado al sanguinario general Trépov, gobernador de San Petersburgo. Cinco años después, el 16/2/1881, Zasúlich, por entonces populista, le escribe a Marx una carta preguntándole por el porvenir de la comuna rural en Rusia. Marx redacta casi 30 páginas de borradores y, finalmente, le contesta el 8/3/1881. En esa carta y en los borradores, Marx deja en claro sus simpatías por los *narodniki*. Mientras reflexiona sobre la comuna campesina, vuelve sobre los textos antropológicos. Sintetizando la inquietante pregunta de Zasúlich con la lectura de Lewis Henry Morgan, Marx vaticina "la vuelta de las sociedades modernas al tipo «arcaico» de la propiedad común —como dice un autor norteamericano (Morgan)—. No hay que asustarse demasiado de la palabra «arcaico»".

MARX, ZASÚLICH
Y LA REVOLUCIÓN EN EL TERCER MUNDO

Zasúlich comienza en el populismo. Se hace marxista en 1883. Cuando se escribe con Marx, todavía es populista. En los borradores de la respuesta de Marx (inéditos hasta 1925, cuando los publica Riazanov), se encuentran reflexiones fundamentales sobre su concepción de la historia y la sociedad. Allí Marx señala explícitamente que la expropiación de las comunas campesinas y su reemplazo por la propiedad capitalista de la tierra como condición del desarrollo (durante la acumulación originaria del capital en Inglaterra) "está **expresamente** restringida a los **países de Europa occidental**". De *El Capital* no se deduce una receta universal válida para todo tiempo y lugar: "El precedente occidental no probaría absolutamente nada (en cuanto a la fatalidad histórica de este proceso)". Las revoluciones en otros países pueden seguir una vía distinta de las transformaciones europeo-occidentales.

Los borradores de la carta a Vera Zasúlich apuntan contra varios blancos teóricos. Al mismo tiempo, Marx rompe con toda perspectiva evolucionista del desarrollo, con toda concepción "etapista" de la sociedad y con toda visión eurocéntrica de la historia. El progreso no es lineal, admite avances y retrocesos. Marx deja abierta la posibilidad para que en determinadas circunstancias históricas se pueda marchar al socialismo "sin pasar por el régimen capitalista y sus horcas caudinas". Estos manuscritos revisan el optimismo de *El Manifiesto Comunista* y la falsa identificación: Europa = única civilización.

EL MARXISMO: LA HISTORIA DESDE ABAJO

En los borradores de la carta a Zasúlich, Marx vuelve a focalizar su crítica contra el eurocentrismo colonialista. Por eso afirma que en las Indias orientales: "La supresión de la propiedad común de la tierra no era más que un acto de **vandalismo inglés, que empuja al pueblo indígena no hacia adelante sino hacia atrás".** Este juicio revisa sus artículos sobre la India de los años cincuenta. El pensamiento de Marx acerca de la historia —fundamento básico de toda ciencia social— profundiza su reflexión sobre un mismo eje. No se trata de analizar la historia "desde arriba", desde el punto de vista de los "triunfadores", los poderosos y los explotadores. Aunque resulta difícil, hay que remar contra la corriente. El marxismo reclama analizar la historia y juzgar los hechos desde el punto de vista rebelde de las clases explotadas y subalternas, desde el ángulo revolucionario de los pueblos oprimidos.

El progreso en la historia es contradictorio. Tiene avances y retrocesos. No puede medirse en forma independiente de lo que le sucede a los sectores oprimidos. **El marxismo consiste en una mirada de la historia desde abajo.** La revolución socialista del futuro retomará con heroísmo la herencia olvidada de todas las rebeldías, de todas las revoluciones y de todos los levantamientos populares del pasado. Hayan sido triunfantes o derrotados, hayan tenido éxito o hayan sido aplastados, hayan dejado testimonio o hayan sido sepultados bajo el discurso totalitario de las clases dominantes y sus relatos oficiales.

LOS ÚLTIMOS DÍAS DE MARX

La vida de Marx nunca ha sido fácil. Desterrado de varios países, vive en Inglaterra pobremente, ayudado por su entrañable amigo, Federico Engels. De los siete hijos que tiene, tres se mueren pequeños o de bebés. En su vejez padece numerosas enfermedades y no siempre tiene dinero para curarse (como tampoco tiene dinero para comprar libros, por eso pasa tantos años leyendo en bibliotecas públicas). Su compañera de toda la vida, la entrañable Jenny, muere de cáncer el 2 de diciembre de 1881. Aunque amado por millones, Marx se queda solo y triste. Engels, al producirse la muerte de Jenny, reflexiona en voz alta reconociendo que con ella "también el Moro (sobrenombre de Marx) ha muerto".

Después de la muerte de su esposa, Marx intenta hacer algunos viajes para recuperarse de una pleuresía (viaja a Argelia, pasa por Montecarlo y también visita a dos de sus hijas —casadas con dirigentes socialistas— en Francia). Pero no le sirve de nada. Su enfermedad de los pulmones se profundiza en forma irreversible. El 11 de enero de 1883 muere su hija Jenny. Es el golpe definitivo. A los dos meses, el 14 de marzo de ese mismo año, el viejo Marx se duerme para siempre en su sillón.

LA LEALTAD INQUEBRANTABLE DE ENGELS

La familia de Marx respeta hasta el último momento su forma de ser. Aunque lo lloran multitudes, sus hijas no quieren una ceremonia masiva. Acuden sólo pocos amigos íntimos. Se lo entierra en el cementerio de Highgate junto a su esposa. Emocionado, su compañero leal de toda la vida, Federico Engels, pronuncia un discurso en inglés para despedir a su amigo: "Marx era, ante todo y sobre todo, un revolucionario. La verdadera misión de su vida era cooperar de un modo o de otro al derrocamiento de la sociedad capitalista y de las instituciones del Estado creadas por ella". Más adelante agrega: "La lucha era su elemento. Y luchó con una pasión, con una tenacidad y con unos frutos como pocos hombres lo conocieron. Este hombre muere venerado, amado, llorado por millones de obreros revolucionarios como él".

En EE. UU., el poeta y revolucionario cubano José Martí (1853-1895) asiste a un mitin en homenaje a la muerte de Marx. En una nota periodística publicada en *La Nación* de Argentina el 23/3/1883, Martí retrata cómo desde todos los lugares del mundo llegan adhesiones y mensajes en honor del autor de *El Capital*. Tras su muerte, Engels se convierte en el depositario del legado de Marx ante el movimiento obrero mundial. Con fidelidad a toda prueba, su amigo revisa y edita los tomos II (1885) y III (1894) de *El Capital* que habían quedado incompletos y numerosos textos que guiaron a la Internacional Socialista o II Internacional. Conociendo la proximidad de su muerte (ocurrida el 5 de agosto de 1895), Engels deja su biblioteca y todo lo que tiene al Partido Socialdemócrata alemán y a los hijos y nietos de Marx. No quiso que lo entierren. Sus cenizas fueron arrojadas al mar.

MARXISMO Y RESISTENCIA

El marxismo ha sido, desde que nació con Marx y Engels, el gran fantasma odiado por los poderosos de la Tierra. Desde Mussolini y Hitler hasta Franco, desde Videla y Somoza hasta Pinochet, no hay dictador que no haya reprimido a los marxistas. Con campos de concentración y cámaras de tortura, mediante desapariciones de personas o incendiando bibliotecas, el marxismo ha sido perseguido y catalogado como "un monstruo" maldito. Pero esto no sólo sucedió en el pasado, con las sangrientas dictaduras.

En las sociedades de nuestros días, con Parlamento y elecciones periódicas —donde siempre gana el que paga la campaña publicitaria más cara—, el marxismo también es silenciado y censurado. ¿Te enseñaron, acaso, marxismo en la escuela? ¿Has leído muchos artículos de marxistas en los grandes periódicos? ¿Has escuchado a muchos intelectuales marxistas en los programas de televisión? ¿Cuántas veces un noticioso le acerca su micrófono o su cámara a un obrero marxista o a una feminista marxista? Bajo la apariencia del "pluralismo", vivimos en sociedades totalitarias donde se explota a los trabajadores y se aplasta toda disidencia radical. Los Estados Unidos, paradigma mundial del macartismo, son el principal ejemplo, pero no el único... **El marxismo constituye la teoría crítica que permite cuestionar esta falta de libertad y esta ausencia de pensamiento radical, promoviendo la rebelión de la juventud y las resistencias de la clase trabajadora a nivel global.** Por eso genera incomodidad en la sociedad oficial. Por eso intentan silenciarlo y callarlo.

REBELARSE ES LEGÍTIMO. ¡TE INVITAMOS A LUCHAR POR LA REVOLUCIÓN, LA LIBERTAD Y EL SOCIALISMO!
¡QUEREMOS VIVIR DE OTRA MANERA!
¡OTRO MUNDO ES POSIBLE!
EL CAPITAL

Biografías sobre Marx y Engels

* Berlin, Isaiah: *Karl Marx. Su vida y su entorno*. Madrid, Alianza, 2000. (Esta biografía, escrita en 1939, contiene numerosos errores de importancia.)

- Blumenberg, Werner: *Karl Marx en documentos propios y testimonios*. Madrid, Cuadernos para el Diálogo, 1970.
- Cardona Castro, Francisco Luis (Coordinador): *Karl Marx*. Madrid, Edimat, 2003. Colección Grandes biografías.
- Cornu, Auguste: *Carlos Marx-Federico Engels*. Bs. As., Platina, 1965. Existe reedición cubana: La Habana, Instituto del Libro, 1967.
- Fernández Buey, Francisco: *Marx (sin ismos)*. Barcelona, El Viejo Topo, 1998.
- Gemkow, Heinrich (y otros): *Carlos Marx. Biografía completa*. Bs. As., Cartago, 1975.
- Gemkow, Heinrich (y otros): *Federico Engels. Biografía completa*. Bs. As., Cartago, 1976.
- Lefebvre, Henri: *Síntesis del pensamiento de Marx*. Barcelona, Nova Terra, 1971.
- Lenin, Vladimir Ilich: *Carlos Marx (Breve esbozo biográfico con una exposición del marxismo)*. En Lenin, V. I.: *Obras Completas*. Bs. As., Cartago, 1960. Tomo 21.
- Mandel, Ernest: "El itinerario personal de Marx y Engels". En Mandel, Ernest: *El lugar del marxismo en la historia*. s/dat. Traducción del original: Ámsterdam, Instituto Internacional de Investigación y Educación, 1986. Edición en portugués: *O lugar do marxismo na história*. San Pablo, Xamá, 2001.
- Mayer, Gustav: *Friedrich Engels: Una biografía*. Madrid, Fondo de Cultura Económica, 1979. (Esta es la biografía más completa disponible sobre Engels.)
- McLellan, David: *Karl Marx. Su vida y sus ideas*. Barcelona, Grijalbo, 1983. (Este texto, aunque no alcanza la estatura de Mehring o Riazanov, incorpora una masa importante de nueva información.)
- Mehring, Franz: *Carlos Marx. Historia de su vida*. Bs. As., Claridad, 1933. Existen varias reediciones mexicanas y cubanas de este texto. La última: La Habana, Ciencias Sociales, 2002. (Esta obra constituye un texto clásico en la materia. Muchas de estas otras biografías se basan en ella. Aunque Mehring no aborda manuscritos de Marx aparecidos después de la publicación de su biografía (1918), sigue siendo un trabajo inigualable.)
- Nicolaievski, Boris y Maenchen-Helfen, Otto: *La vida de Carlos Marx. El hombre y el luchador*. Madrid, Ayuso, 1973.
- Riazanov, David: *Marx-Engels*. Madrid, Comunicación, 1975. Existe una edición ampliada con el título: *La vida y el pensamiento revolucionario de Marx y Engels*. Bs. As., Marxismo Clásico y Contemporáneo, 2003. (Estas conferencias de Riazanov, como todos sus escritos e investigaciones sobre Marx —sólo comparables a los de Mehring—, constituyen documentos fundamentales de la historia del socialismo.)
- Rubel, Maximilien: *Karl Marx. Ensayo de biografía intelectual*. Bs. As., Paidos, 1970.
- Rühle, Otto; Mehring, Franz; Rubel, Maximilien (y otros): *Carlos Marx: Vida y obra*. En *Críticas de la economía política. Edición latinoamericana* N°22/23 (Número especial dedicado a Marx). México, El Caballito, 1984.
- Sacristán, Manuel: "Karl Marx". En Sacristán, Manuel: *Sobre Marx y marxismo*. Barcelona, ICARIA, 1983.
- Wheen, Francis: *Karl Marx*. Madrid, Debate, 2000.

Breve historia de las ediciones
de los escritos de Marx y Engels

Los escritos de Marx constituyen una obra de dimensión descomunal. Durante su vida llega a publicar tan sólo un segmento importante de ella. Otro tanto queda inédito y recién se vuelca en papel impreso después de su muerte (1883). Tras ese año, el legado y los papeles de Marx pasan a manos de Engels. Su fiel y leal compañero se interna en el laboratorio mental de los manuscritos de Marx y puede finalmente publicar en 1885 el Tomo II de *El Capital* y en 1894 el Tomo III de la misma obra. Pocos días antes de morir, en 1895, Engels le otorga a los dirigentes socialistas alemanes Augusto Bebel y Edward Bernstein plenos poderes para disponer de sus propios escritos póstumos. Al mismo tiempo, dona su biblioteca y los papeles que conservaba de Marx al archivo del Partido Socialdemócrata Alemán (SPD). Uno de sus principales representantes —perteneciente al ala izquierda del SPD—, Franz Mehring, publica en 1902 una compilación en tres volúmenes de escritos olvidados o inéditos de Marx y Engels, fechados entre 1841 y 1850. Más tarde, en 1906, F. A. Sorge publica las *Cartas de Marx y Engels* en un solo tomo. Karl Kautsky, otro líder de la socialdemocracia alemana, introduciendo notables recortes, publica entre 1905 y 1910 la *Historia crítica de las teorías de la plusvalía* de Marx. Lo mismo hacen Augusto Bebel y Edward Bernstein con la *Correspondencia Marx-Engels*, que aparece —mutilada— en cuatro volúmenes en 1913.

Después de la Revolución Rusa de 1917, Lenin decreta la fundación del Instituto Marx-Engels de Moscú (fundado en 1921 y dirigido hasta 1931 por David Riazanov). Este Instituto copia gran parte del archivo del SPD alemán y comienza a editar en 1927 las *Obras Completas de Marx y Engels*, conocidas por la sigla MEGA (en alemán: *Karl Marx/Friedrich Engels, Historisch-kritische Gesamtausgabe*). Riazanov tenía planeada la edición de las MEGA ya desde 1914-1917.

Viajando por toda Europa, Riazanov (seudónimo de David-Zimkhe-Zelman Berov Goldenbach (1870-1938)), recolecta materiales y copia todos los escritos de Marx y Engels que encuentra. Incursiona en el archivo del SPD alemán, en el British Museum, en la New York Library de los Estados Unidos, en la biblioteca del antiguo Estado de Prusia y en los archivos históricos de Colonia. En 1925, Riazanov firma un acuerdo entre el archivo del SPD alemán y el Instituto Social de Frankfurt (conocido luego como "La Escuela de Frankfurt"), para publicar en conjunto documentos inéditos de Marx y Engels (por ejemplo, parte de *La ideología alemana* y la correspondencia entre Marx y Vera Zasúlich). Las MEGA iban a tener en total 42 volúmenes.

Tras la destitución de Riazanov en 1931 (Stalin lo sentencia finalmente a muerte el 21/1/1938) y la completa ruptura de relaciones políticas entre el Partido Comunista de la Unión Soviética (PCUS) y el SPD alemán, la edición de las MEGA se interrumpe en la primera mitad de los años treinta. Los volúmenes publicados no llegan a la decena. Entre ellos, el Instituto Marx-Engels de Moscú edita en 1932 los *Manuscritos económico-filosóficos de 1844* y *La ideología alemana*. Más tarde, entre 1939 y 1941, publica los *Grundrisse*. La primera edición de las MEGA se extendió entonces entre 1927 y 1941. Durante el nazismo, gran parte de los materiales originales de Marx y Engels son trasladados de Alemania a Moscú y al Instituto Internacional de Historia Social de Amsterdam, donde se encuentran actualmente.

Tras la muerte de Stalin (1953), la Unión de Repúblicas Socialistas Soviéticas (URSS) y la República Democrática Alemana (RDA) for-
malizan un acuerdo para relanzar las MEGA. Este proyecto planifica
editar 170 volúmenes (de los cuales aparecen, entre 1972 y 1991, 47
volúmenes en total). La segunda edición de las MEGA sobrevive entonces entre 1975 y 1991. Todo esto vale para las ediciones en alemán, el idioma de Marx y Engels.

En idioma español, la primera traducción de *El Manifiesto Comunista* aparece en América Latina en un periódico obrero mexicano de 1870. En España, el abogado Correa y Zafrilla comienza a traducir a fines del siglo XIX el primer tomo de *El Capital* al castellano, pero no lo hace del
original alemán sino de su edición francesa. En 1886, Antonio Atienza vierte al castellano la síntesis de ese texto realizada por Gabriel Deville. En 1898, el dirigente del Partido Socialista argentino (PS), Juan Bautista Justo, publica la primera traducción directa del alemán del primer tomo de *El Capital*. En Madrid, Manuel Pedroso publica en 1931 (por editorial Aguilar) los tres
tomos de *El Capital*. A comienzos de los años treinta, Wenceslao Roces funda en Madrid la Biblioteca Carlos Marx de la editorial Cenit, donde publica diez grandes volúmenes con traducciones.
Entre ellos, Roces realiza en 1935 una nueva traducción del primer tomo de *El Capital,* y acompañada por los Tomos II y III comienza a ser difundida a partir de 1946 por Fondo de Cultura
Económica. El mismo Roces, trabajando en Moscú durante 1934, empieza a dirigir las "Ediciones
en lengua española" de Marx y Engels. Allí se realiza una compilación ampliamente difundida de
sus escritos en tres tomos. Tiempo antes, Roces había realizado traducciones al español —sin poner su nombre en las mismas— para la editorial "Europa-América".

En Argentina, la editorial Claridad (fundada en 1922 por el peruano Antonio Zamora) y diversos sellos editoriales del comunismo argentino (creados a partir de 1918) comienzan a editar
las obras de Marx y Engels en pequeños folletos de divulgación masiva.

Tras la victoria de Franco en la guerra civil española, muchos marxistas españoles se exilian
en México. Allí, Roces comienza a traducir regularmente las *Obras de Marx y Engels*, conocidas
por la sigla *MEW* (en alemán: *Marx Engels Werke*). Las MEW agrupan en total cuarenta y cuatro
tomos. Muchas de estas traducciones de Roces son publicadas en los sesenta, desde la Revolución
cubana, en decenas de miles de ejemplares. Durante esos años, las ediciones cubanas de la obra
de Marx y Engels conviven con las "Ediciones en lenguas extranjeras" —entre ellas, el castellano— publicadas por editoriales soviéticas y chinas, igualmente masivas.

De las primeras traducciones de Wenceslao Roces, y de las publicaciones soviéticas y chinas
en lenguas extranjeras, surgen diversas ediciones populares (en dos y tres tomos) bajo el título
de *Obras escogidas* de Marx y Engels.

Estos emprendimientos editoriales se prolongan en los setenta, cuando la editorial Grijalbo
junto con el grupo editorial Crítica comienzan a editar en España las *Obras de Karl Marx y Friedrich Engels* (OME), bajo la dirección de Manuel Sacristán (que colabora en las traducciones, pero no todas corren a su cuenta). Sacristán realiza las introducciones a los diversos tomos de *El Capital*. Entre 1973 y 1980, este proyecto llega a publicar más de cuarenta volúmenes (se
interrumpe en 1981).

Un año después, a partir de 1982, Fondo de Cultura Económica (FCE) empieza a editar en México las *Obras Fundamentales de Marx y Engels*, con traducción de Roces. Este proyecto planifica editar 22 volúmenes (aunque no todos alcanzan a salir). Tanto la iniciativa de Sacristán como la de Roces toman como base la edición alemana de las MEW. También en México, Grijalbo edita una serie de escritos menores de Marx y Engels, con traducción de Roces, en una colección dirigida por el filósofo español exiliado en México Adolfo Sánchez Vázquez. Este último dirige, además, la colección de investigaciones marxistas titulada "Teoría y praxis", donde aparecen medio centenar de volúmenes.

A su vez, la editorial Siglo XXI (dirigida por el editor español exiliado en México Arnaldo Orfila Reynal, con asesoramiento del argentino, también exiliado en México, José Aricó) publica, durante los setenta y los ochenta, los tres tomos de *El Capital* (en traducción de Pedro Scarón) y los tres de los *Grundrisse* (en traducción de Pedro Scarón, Miguel Murmis y José Aricó). La traducción de *El Capital* a cargo de Scarón es, sin duda, la más recomendable de todas las que circulan y existen en español, incluyendo en esa comparación a la del argentino Floreal Mazía (de editorial Cartago, perteneciente al comunismo argentino), la del español Vicente Romano García (de editorial AKAL), la clásica de Wenceslao Roces (de varias ediciones) y la publicada en España por editorial EDAF.

Dicha publicación por parte de Siglo XXI se conjuga con la edición de un centenar de volúmenes sobre marxismo titulados "Cuadernos de Pasado y Presente", dirigidos también por José Aricó.

A pesar de estas múltiples iniciativas, una parte importante de la correspondencia de Marx permanece sin traducir al español, exceptuando una síntesis general publicada en Argentina por la editorial Cartago (que traduce una compilación de 1934 realizada por V. Adoratsky, tras la destitución de Riazanov al frente del Instituto Marx-Engels de Moscú). A esta antología de cartas personales habría que agregar otra que versa sobre *El Capital* (publicada en Barcelona, en 1968, por Ediciones de Materiales), una compilación de cartas a Ludwig Kugelmann (publicada en Cuba, en 1974, por Ciencias Sociales) y otra de su correspondencia con el traductor ruso Nicolai F. Danielsón (editadas en 1981 por Aricó, en Siglo XXI).

Actualmente, pasada la euforia capitalista que acompañó la caída del Muro de Berlín, y agotado el neoliberalismo, se ha renovado el interés por el pensamiento de Marx y de las distintas corrientes marxistas. A ello ha contribuido la emergencia del movimiento de resistencia global contra el capitalismo.

Por ejemplo, el plan actual de la nueva edición crítica (MEGA) con sede en Amsterdam —la tercera, si se contabiliza la de 1927-1941 y la de 1975-1991—, planifica editar las obras de Marx y Engels en 114 volúmenes. El director de este gigantesco y ambicioso proyecto editorial, que aglutina a un elenco internacional de investigadores, es el académico Jürgen Rojahn y su correo electrónico es: *jro@iisg.nl.*

Esa renovación del pensamiento crítico y la investigación marxista a nivel mundial explica la proliferación de nuevas ediciones eruditas y populares de su obra.

Sugerencias para iniciar la lectura de Marx

La obra de Marx y Engels es inmensa e imponente. Casi inabarcable, si también se toma en cuenta la de sus seguidores. Para quien nunca haya leído nada de Marx, sugerimos comenzar por pequeños fragmentos de textos, artículos y cartas.

Para **una primera aproximación política** a su pensamiento, recomendamos empezar por *El Manifiesto Comunista* y por el todavía más sintético "Mensaje del Comité Central a la Liga de los comunistas". Aunque plagados de referencias históricas sobre Francia, *El 18 brumario de Luis Bonaparte* y *La guerra civil en Francia* resultan insoslayables. Lo mismo vale para "La acumulación originaria del capital" (capítulo N°24 del primer tomo de *El Capital*), texto político fundamental que puede leerse fácilmente y sin dificultad —en forma aislada— aunque no se conozca nada de marxismo ni se haya siquiera hojeado *El Capital*. Finalmente, para conocer en la intimidad la perspectiva política en la que se inspiró Marx, conviene conseguir y leer la carta a Ludwig Kugelmann del 12/4/1871 sobre la Comuna de París.

Para **un primer acercamiento filosófico** a Marx, nada mejor que las *Tesis sobre Feuerbach*, texto de apenas tres páginas que sintetiza el núcleo central de la nueva concepción del mundo, centrada en la actividad humana transformadora. Un poco más complejos, pero igualmente imperdibles, resultan: la *Introducción* a la *Crítica del derecho del Estado de Hegel*, "El trabajo enajenado" (fragmento de los célebres *Manuscritos económico-filosóficos de 1844*) y "El fetichismo de la mercancía y su secreto" (último fragmento del primer capítulo del primer tomo de *El Capital*). En un primer encuentro con Marx, necesariamente fragmentario e introductorio, estos tres textos pueden leerse separados, aun cuando no se hayan leído los libros completos a los que pertenecen. Como un complemento, puede consultarse el prólogo de 1859 a la *Contribución a la crítica de la economía política*. Conviene leer este prólogo junto con los demás textos, para evitar el riesgo de asociar a Marx con cualquier visión evolutiva y mecánica de la sociedad.

Para **una primera cita con la teoría de la historia** de Marx, sugerimos comenzar leyendo las cartas de Marx al periódico *Anales de la patria* (fines de 1877) y a Vera Zasúlich del 8/3/1881, así como también la carta a P. V. Annenkov del 28/12/1846. Un tanto más difícil, pero sumamente ilustrativo de la visión no lineal de la historia que siempre maneja Marx, resulta el último capítulo de la *Introducción* a los *Grundrisse*, titulado "El arte griego y la sociedad moderna".

Para **un primer encuentro con la crítica de Marx a la economía política**, recomendamos comenzar con la lectura de "El método" (sección del capítulo de la *Miseria de la filosofía* titulado "La metafísica de la economía política"). En el mismo sentido, resulta provechoso leer la *Introducción* a los *Grundrisse*, principalmente "El método de la economía política" (subcapítulo N°3 de dicha *Introducción*). Acompañando estas lecturas, una buena introducción a esta problemática puede ser *Salario, precio y ganancia*, conferencia dictada por el propio Marx el 26/6/1865 ante la Internacional. Finalmente, aunque con mayor grado de complejidad que los anteriores, sugerimos leer el capítulo cuarto del tomo primero de *El Capital*, titulado "Transformación de dinero en capital", donde se expone el núcleo de la teoría de la explotación capitalista. También el capítulo N°48 del tomo tercero de *El Capital*, bautizado irónicamente "La fórmula trinitaria", en polémica con la economía burguesa.

Diccionario básico de categorías marxistas

Debido a que el pensamiento de Karl Marx constituye una obra abierta, el marxismo integra diversas tradiciones ideológicas, filosóficas y políticas. No existen en su seno definiciones únicas y taxativas, como erróneamente planteaban los antiguos manuales soviéticos de divulgación (u otros similares inspirados en ellos). Cada tradición marxista reinterpreta el legado de Marx y sus categorías de diverso modo. Este libro, *Marxismo para principiantes*, sus textos, diálogos y dibujos, así como también este diccionario básico, no constituyen una excepción. Expresan una interpretación posible del marxismo. Existen otras.

• **Acumulación:** Reinversión del plusvalor en el proceso productivo y aumento de la escala de producción. Se caracteriza por la centralización de los capitales y la concentración del plusvalor. La acumulación es una reproducción ampliada del capital.

• **Alienación** (= **enajenación**)**:** Proceso histórico-social en el cual el producto del trabajo humano se independiza, se vuelve autónomo, escapa al control racional y termina siendo hostil contra su creador. Aunque Marx los utiliza como sinónimos, etimológicamente "alienación" tiene un origen psicológico y "enajenación", económico. Hegel define "alienación" como "otro distinto de sí mismo". En Hegel su contenido no es negativo. En Marx, sí. Expresa el desgarramiento, la escisión y la fragmentación del ser humano. Algo está alienado o enajenado cuando ya no nos pertenece.

• **Bonapartismo:** Categoría política empleada por Marx a partir del ejemplo histórico de Luis Bonaparte, quien encabezó un golpe de Estado en Francia en 1851. Hace referencia a un tipo de liderazgo político que aparenta ser "equidistante" en la lucha de clases. Es una forma de dominación política donde el ejército, la burocracia y el Estado —durante una crisis aguda— se independizan parcialmente de la burguesía. Ésta se separa de los partidos políticos tradicionales y pasa a ser representada por el ejército o por algún liderazgo carismático. Para Marx tiene un contenido negativo.

• **Burguesía:** Clase social que agrupa inicialmente a mercaderes y banqueros, más tarde a capitalistas industriales. Nace en Europa occidental en el siglo XI y desde allí comienza a expandirse. Alcanza su predominio económico a partir de la Revolución Industrial en Inglaterra y su completa dominación política desde la Revolución Francesa de 1789 en adelante.

• **Burocracia:** En el capitalismo, es una forma de dominación política donde predominan los funcionarios. Aparenta ser instrumental y neutral pero tiene siempre un contenido político reaccionario. Ejerce su poder tanto en el Estado como en las empresas privadas. En las revoluciones socialistas y proletarias que se burocratizaron (durante el sigo XX), se convierte en una casta represiva y privilegiada que oprime a la clase trabajadora.

• **Capital:** No es una cosa eterna ni un "factor económico". No siempre existió: es histórico. Es una relación social de producción. Es valor que se valoriza (se acrecienta) explotando trabajo ajeno. Es dinero que se independiza, cobra vida y se vuelve un sujeto autónomo, ejerciendo su poder de mando sobre los trabajadores. Es trabajo muerto y pretérito que vuelve a la vida oprimiendo al trabajo vivo de la clase obrera. Es un vampiro que se alimenta de plusvalor.

• **Capitalismo:** Sistema social de explotación y dominación. Tiene alcance mundial. Está en permanente expansión. Vive conquistando territorios sociales y geográficos. Recorre diversas fases históricas.

• **Clases sociales**: Grandes conjuntos de seres humanos que comparten un mismo modo de vida y una misma condición de existencia. Se diferencian, se enfrentan entre sí, construyen su propia identidad social y se definen tanto por su posesión o no posesión de los medios de producción como por sus intereses, su cultura política, su experiencia de lucha, sus tradiciones y su conciencia de clase (de sí mismos y de sus enemigos). Las clases explotadoras viven a costillas de las explotadas, las dominan y las oprimen, por eso están en lucha y conflicto permanente a lo largo de la historia.

• **Colonialismo:** Fase histórica del capitalismo donde las grandes metrópolis conquistan territorios que denominan colonias. El neocolonialismo mantiene ese dominio, aceptando solamente la independencia formal de las colonias.

• **Comunismo:** Corriente política revolucionaria que aspira a transformar todo el mundo. Marx no la inventa. En la década de 1840 —cuando él la conoce— evocaba la idea de la *commune*, unidad de gobierno autónomo. Sugería la noción de *communauté*, propiedad común de las cosas. Como entonces se llamaba "socialismo" a las teorías de los intelectuales y "comunismo" a los grupos de obreros revolu-

cionarios, Marx y Engels adoptaron este último. En tanto **movimiento político**, para Marx el comunismo es una corriente que intenta defender el punto de vista crítico radical de los trabajadores contra el capitalismo. Como **proyecto de nueva sociedad**, Marx lo define como una forma social sin explotación ni dominación, donde los productores libremente asociados —sin la violencia del Estado— deciden qué, cómo, cuánto y para qué producir y consumir. Según Marx, en la sociedad comunista del futuro, cada individuo será completamente libre y deberá entregar a la sociedad todo lo que sus capacidades le permitan. A cambio obtendrá todo lo que necesite.

• **Concepciones del mundo:** No existe una, sino muchas. Constituyen visiones integrales del ser humano, que presuponen un punto de vista totalizante sobre la sociedad, la historia y el sentido de la vida. Cada una forma un conjunto articulado, sistemático, crítico y coherente de ideas, conceptos, valores y normas de conducta práctica que nos guían en nuestra vida cotidiana.

• **Concepción materialista de la historia:** Nueva concepción inaugurada por Marx y Engels. Base de la necesaria y aún pendiente (re)unificación de todas las ciencias sociales. Su idea central es que toda la historia no es más que la historia de la lucha de clases. No hay evolución automática. La clave de la historia está en el conflicto, en las rebeliones y en las revoluciones. Para diferenciar una época de otra, hay que atender al tipo de relaciones sociales que predomina en cada pe-

181

ríodo. El "materialismo" de esta concepción remite a la centralidad de las relaciones sociales, en contraposición al "espíritu universal" de la filosofía de la historia de Hegel. Para Marx, no hay instituciones eternas. Todas son históricas. La sociedad constituye una totalidad de relaciones de producción y reproducción, materiales e ideológicas. En tanto totalidad, la sociedad no es una sumatoria mecánica de parcelas sueltas o factores yuxtapuestos: el "factor" económico, el "factor" político y el "factor" ideológico. La teoría de "los factores" es ajena al marxismo.

• **Conciencia de clase:** Identidad cultural y comprensión política, pensada, vivida y sentida por cada grupo social sobre sus intereses a largo plazo. No se adquiere ni se logra por decreto, sino a partir de experiencias históricas, tradiciones y luchas políticas. Nunca está dada. Jamás preexiste. Se va construyendo a partir de los conflictos. La mayoría de las veces se genera a saltos. Cuando se logra, la clase trabajadora puede pasar de la necesidad económica a la voluntad política. La conciencia de clase es parte beligerante en la lucha de clases. Empezar a construirla es comenzar a ganar la lucha.

• **Contradicción:** Categoría fundamental de la lógica dialéctica. Su extremo opuesto es la **identidad**. Algo es idéntico cuando no puede distinguirse una diferencia. Si existen distinciones, la identidad se transforma en **diferencia**. Si la diferencia se profundiza, hay **contrariedad** y **contraposición**. Si la oposición se agudiza, la contrariedad se transforma en **contradicción**. En ese caso, los polos opuestos ya no sólo son diferentes sino contradictorios y antagónicos (no pueden conciliarse). Ejemplos: la relación social de "capital" encierra la contradicción antagónica entre empresarios y trabajadores. La crisis del capitalismo constituye la explosión de múltiples contradicciones antagónicas. El cambio y el movimiento de la historia son producto de esas contradicciones.

• **Crisis orgánica:** Crisis estructural de largo aliento —distinta de cualquier crisis de coyuntura—. Combinación explosiva de la crisis económica y la crisis política. Debilitamiento de todo un régimen político. Pérdida de consenso y de autoridad en la población del conjunto de la clase dominante y sus instituciones políticas.

• **Determinismo:** Corriente de pensamiento que asigna a las regularidades de la sociedad un carácter ineluctable, necesario y apodíctico. Tiende a asimilar las leyes históricas con las leyes naturales. Interpreta las leyes que estudia *El Capital* —leyes de tendencia— como si fueran "leyes de hierro", que se cumplen sí o sí, independientemente de la lucha de clases.

• **Dialéctica:** El pensamiento dialéctico está presente en diversas culturas (china, hindú, persa, mesopotámica, egipcia, azteca, maya, inca, etc.) desde los orígenes de la humanidad. En Grecia nace con el filósofo Heráclito de Éfeso (540-480 a. C.). Para él, el universo está en permanente contradicción y devenir. Según Marx, la dialéctica plantea la unidad inseparable entre la realidad objetiva y el sujeto que piensa y actúa sobre esa realidad. No se pueden escindir la teoría de la práctica, el decir del hacer, la realidad del pensamiento ni el conocimiento de la acción. La dialéctica de Marx es crítica y revolucionaria porque considera y aborda toda realidad como histórica y perecedera. No se arrodilla ante ninguna institución ni le teme al antagonismo de la contradicción.

• **Dinero:** No es una cosa ni un objeto "mágico". Constituye una relación social de producción. Representa el equivalente general en el cual se refleja el mundo entero de las mercancías. Como equivalente, el dinero se independiza de la relación social de valor y se vuelve autónomo. Se convierte en un sujeto dotado de vida propia. Se transforma en un fetiche. Su poder no es más que el poder social de las clases poseedoras. Siguiendo a W. Shakespeare, Marx lo define como "la puta universal" porque el dinero no reconoce diferencias. Todo le da lo mismo.

• **Dogmatismo:** Culto ciego a la obediencia. Cerrazón. Negación de todo pensamiento crítico. Canonización de un texto como si fuera "sagrado". El dogmatismo le ha hecho un daño enorme al marxismo.

• **Dominación:** Proceso de sujeción y subordinación de una clase social sobre otra que se ejerce colectivamente y también en el terreno de la subjetividad. La dominación presupone relaciones de poder y explotación, de imposición de la voluntad del opresor sobre los pueblos oprimidos, las clases explotadas y las masas sojuzgadas.

• **Ecologismo:** Corriente político-ideológica que cuestiona las bases de sustentación de la moderna sociedad industrial, el agotamiento de sus fuentes energéticas, la destrucción sistemática del medio ambiente y la irracionalidad de una relación con la naturaleza concebida como puramente instrumental. Como movimiento social es muy heterogéneo. El marxismo hace suyos los reclamos ecologistas, integrándolos en una perspectiva crítica mayor. Sólo se podrá lograr una nueva manera de vincularse con la naturaleza cuando se ponga fin —mediante una revolución mundial— a la lógica del lucro, el valor, la ganancia y la acumulación capitalista.

• **Economicismo:** Corriente política que reduce la lucha popular únicamente al reclamo por reformas económicas y reivindicaciones mínimas. Desprecio de todo debate teórico e ideológico. Sospecha a priori sobre toda actividad intelectual. Reducción del marxismo a una vulgar teoría que todo lo reduce al "factor económico". El economicismo ha hecho estragos en la tradición marxista.

• **Estado:** No existe una única definición. Para el liberalismo burgués, es "la nación jurídicamente organizada". Sin distinciones de clases, nos representaría "a todos por igual". Para el marxismo, es la cristalización institucional de determinadas relaciones sociales de fuerza: por eso defiende a unos contra otros y tiene un contenido de clase. El ejercicio permanente del **poder del Estado** (más allá de quién sea el presidente y cuál partido esté en el gobierno) tiene un **contenido de clase** que se lo otorga el sector social que tiene el poder. No está sujeto a elección, no se vota. La única manera de cambiar el contenido de clase de un Estado es mediante una revolución. El poder del Estado viene acompañado de instituciones hegemónicas.

• **Eurocentrismo:** Ideología que ubica en la historia y la cultura europeo-occidental el ombligo absoluto del mundo. Cualquier desarrollo social o cultural distinto o coexistente al de Europa occidental —y al de su hijo predilecto, los

Estados Unidos de Norteamérica— es catalogado por esta ideología como "barbarie". El eurocentrismo ha infligido un gran daño a la tradición marxista.

• **Evolucionismo-etapismo:** En su significado marxista (distinto del de Charles Darwin), hace referencia a una concepción de la sociedad que postula la férrea sucesión evolutiva de rígidas etapas, sin saltarse ninguna. También se lo conoce como **etapismo**. El evolucionismo suele estar asociado a la idea de "progreso". El desarrollo social es concebido como lineal, moviéndose siempre de lo peor a lo mejor y en una sola dirección. La concepción histórica de Marx no es evolucionista ni etapista.

• **Explotación:** Dominación de una clase social sobre otra a partir de la apropiación del trabajo impago, del tiempo de trabajo excedente y del plusvalor. En el capitalismo, aunque la clase trabajadora logre salarios "altos", sigue siendo explotada.

• **Feminismo:** Corriente político-ideológica que cuestiona radicalmente la dominación de la sociedad patriarcal, el machismo, la escisión entre lo público y lo privado y la construcción histórica de la subjetividad que fija "roles" preestablecidos según los géneros. Como movimiento social resulta sumamente heterogéneo. Las vertientes feministas marxistas abordan al mismo tiempo la dominación patriarcal y la opresión de la clase trabajadora, sin confundir pero tampoco sin escindir el género y la clase.

• **Fetichismo:** Proceso derivado de las relaciones sociales mercantiles capitalistas. Se genera a partir de la sociabilidad indirecta del trabajo humano cuando éste se produce en condiciones de mercado. Si hay fetichismo no hay control racional de la producción ni planificación. El fetichismo genera la personificación de las cosas —vueltas autónomas y hostiles contra sus creadores— y la cosificación de los seres humanos.

• **Filosofía:** Disciplina milenaria que se caracteriza por formular preguntas críticas y radicales acerca del sentido de la vida, el ser humano, la sociedad, la historia y el papel del sujeto en ella. Marx produce en el seno de esta disciplina una revolución al reclamarle que rompa el círculo vicioso de su discurso para ir más allá de sí misma: hacia la transformación de la sociedad y la unidad con la clase trabajadora. La vitalidad de la filosofía que rechaza toda complicidad con el sistema no está en los pizarrones académicos sino en la calle y en la lucha de clases.

• **Filosofía clásica alemana:** Se inicia con Immanuel Kant (1724-1804), continúa con Johann Gottlieb Fichte (1762-1814) y Friedrich Wilhelm Joseph von Schelling (1775-1854) y culmina con Georg Wilhelm Friedrich Hegel (1770-1831). La lógica dialéctica de Hegel —que concibe todo en perpetuo devenir y constante contradicción— constituye la máxima expresión teórica de la revolución burguesa europea. Sus herederos no son los tristes profesores de filosofía sino los trabajadores revolucionarios.

• **Filosofía de la praxis:** Concepción filosófica de Marx y de sus continuadores más radicales que intenta descentrar y superar el punto de vista contemplativo, tanto del idealismo como del materialismo. Su clave reside en la actividad humana transformadora y en la unidad de la reflexión teórica y la práctica política radical.

• **Formación económico-social:** El modo de producción capitalista nunca se encuentra en forma pura en la sociedad. Está combinado con diversos tipos de relaciones sociales. Esa combinación se denomina "formación económico-social". Ésta permite comprender qué posee de específico e irrepetible cada sociedad y qué tiene de común y genérico junto con las demás. Este concepto permite articular lo general y lo particular del capitalismo, la lógica y la historia, el género y la especie, lo común y lo irrepetible.

• **Fuerza de trabajo:** Es el término con que Marx designa la capacidad humana de trabajar (para diferenciarla del "trabajo" a secas). En el capitalismo es una mercancía muy "especial". Es la única que crea valor y que además genera más valor que lo que ella misma vale.

• **Fuerzas productivas:** Dimensión de la historia conformada por los instrumentos tecnológicos del trabajo, las destrezas laborales y, lo principal, el sujeto social que ejerce el trabajo sobre la naturaleza y la sociedad. Marx siempre las analiza en unidad con las relaciones sociales de producción, por eso no constituyen una variable independiente.

• **Globalización:** Nueva fase del imperialismo capitalista, caracterizada por la universalización productiva, mercantil y financiera, la revolución tecnológica y la expansión de las comunicaciones. Hasta ahora estuvo dominada por el capital. Los trabajadores y la juventud de todo el mundo luchan por una globalización de las resistencias anticapitalistas.

• **Hegemonía:** Proceso de dirección político-cultural de un segmento social sobre otro. Generalización de los valores culturales propios de una clase para el conjunto de la sociedad. Hegemonía = cultura, pero con el agregado de relaciones de dominación y de poder. La hegemonía burguesa combina el consenso con los sectores aliados y la violencia con los enemigos. Los trabajadores luchan por una contra-hegemonía de carácter socialista.

• **Historia:** Proceso contingente y abierto, resultado de la praxis humana. Aunque la historia posee regularidades —estudiadas por la concepción materialista de la historia— no tiene un final cerrado ni una dirección unívoca determinada de antemano. Su futuro depende del resultado de la lucha de clases. Podemos ir hacia el socialismo o podemos continuar en la barbarie. El marxismo intenta analizar la historia pasada desde "abajo", no desde la mirada de los dominadores y triunfadores, sino desde la rebeldía de los pueblos sometidos y las clases explotadas.

• **Humanismo:** Concepción que pone en el eje de sus reflexiones a los seres humanos (en lugar de la naturaleza, Dios, el mercado, el dinero o el capital). El marxismo es heredero de los antiguos humanismos (por ejemplo, el griego o el renacentista, en el caso europeo). Pero para Marx el sujeto ya no es el burgués individual sino un sujeto colectivo: los trabajadores. Marx diferencia el humanismo abstracto, que presupone un individuo ajeno a la historia, del humanismo revolucionario. Éste tiene por objetivo acabar con la alienación y liberar al ser humano de sus productos enajenados a través de la praxis.

• **Idealismo:** Antigua corriente filosófica. No tiene nada que ver con "tener ideales". El idealismo afirma que el fundamento último de la realidad es "la Idea", "Dios" o "El Espíritu". En última instancia, implica una visión contemplativa del universo.

• **Ideología:** En el marxismo, "ideología" tiene dos significados distintos: (1) concepción del mundo que implica una determinada perspectiva de vida ligada a los intereses de las clases sociales, una escala de valores, junto con normas de conducta práctica. (2) Falsa conciencia, obstáculo para el conocimiento de la verdad, error sistemático, inversión de la realidad por compromisos con el poder establecido. El marxismo es una concepción ideológica del mundo vinculada a los intereses de los trabajadores (significado 1), que cuestiona toda falsa conciencia ideológica de la burguesía (significado 2).

• **Imperialismo:** Fase del sistema mundial capitalista. Se caracteriza por la fusión de los capitales bancarios e industriales, el predominio del capital financiero, el reparto del mundo en áreas de influencia, el armamentismo, la agresividad política de las grandes potencias, la generalización de los monopolios y la amenaza de guerra permanente. Recorre diversas fases históricas. La actual globalización capitalista es apenas la última fase conocida del imperialismo.

• **Libertad:** Tiene distintos significados. Para el liberalismo burgués, ser libre es poseer propiedad y no encontrar obstáculos o interferencias para su disfrute. Ser = tener. "La libertad llega hasta donde llega la propiedad privada". Para Marx, en cambio, la libertad no puede depender de la propiedad privada. El ser humano es auténticamente libre cuando es genuinamente autónomo, cuando no está forzado a venderse como una mercancía. El capitalismo anula la autonomía de las personas para otorgársela al mercado y a las cosas, transformadas en sujeto (fetichismo). La verdadera libertad sólo puede estar más allá de la cosificación, la necesidad material, el tener y el trabajo forzado. En el tiempo libre, en el ocio creador. Según Marx, el comunismo es un proyecto de sociedad donde la libertad de todos y todas es condición de la libertad de cada uno. Nadie puede ser genuina y auténticamente libre cuando la mayoría debe venderse en el mercado para sobrevivir.

• **Liberalismo:** Corriente ideológica que acompaña el ascenso y el auge político de la burguesía hasta que ésta llega al poder. En sus inicios y durante su apogeo del siglo XVIII europeo, se caracteriza por combatir la reacción absolutista, difundir el pensamiento libre, promover el libre comercio y las libertades públicas. Cambia radicalmente cuando la burguesía llega al poder y entran en escena la clase obrera y el socialismo. Entonces se vuelve reaccionario. Hoy en día, el **neoliberalismo** sólo contiene de aquella ideología la defensa del libre comercio. Pero se ha tornado absolutamente conservador, partidario de gobiernos despóticos, opositor a todo pensamiento libre y enemigo de las libertades públicas. Por eso promueve el control y la vigilancia permanente de los individuos.

• **Lucha de clases:** No es un enfrentamiento entre individuos aislados (por enemistades o envidias personales). Es un conflicto histórico entre grandes conjuntos de personas: las clases sociales. Esta confrontación divide a la sociedad en opresores y oprimidos: esclavistas y esclavos, patricios y plebeyos, señores feudales y siervos de la gleba, terratenientes y campesinos, burgueses y trabajadores. Esta contradicción impulsa el desarrollo de la historia.

• **Marxismo-marxiano-marxista:** El **marxismo** es una teoría crítica de la sociedad capitalista que promueve en todo el mundo una práctica política de emancipación, rebeldía, resistencia, liberación y revolución. Presupone una concepción del mundo y la vida, la historia y el sujeto, expresada desde el punto de vista de las oprimidas y los explotados. Como teoría crítica constituye un saber abierto. Es científica, filosófica, ideológica, ética y política al mismo tiempo. El término **marxiano** es más "técnico". Hace referencia a los textos escritos exclusivamente por Karl Marx. El término **marxista** alude a los escritos, al pensamiento y a las tradiciones políticas no sólo de Marx, sino también de sus seguidores y partidarios posteriores, hasta hoy en día.

• **Materialismo:** Antigua corriente filosófica. No tiene nada que ver con el "culto al dinero y a los bienes terrenales". El materialismo afirma que el fundamento último del universo es "la materia". Uno de los primeros filósofos materialistas es, en Grecia, Demócrito (460 a. C.-370 a. C.). Al poner el énfasis en la realidad objetiva, independiente de la praxis del sujeto, ajena a la historia y a las relaciones sociales, el **materialismo filosófico** se vuelve especulativo, contemplativo y pasivo. Separa tajantemente al objeto del sujeto: se queda sólo con el objeto, sólo con la materia, sólo con la naturaleza. El **"materialismo" marxiano** está centrado en la historia, la sociedad y los sujetos. A Marx le interesa la materialidad... de las relaciones sociales. La "materia" de la que habla el marxismo es estrictamente social y construida históricamente: las relaciones sociales de producción. ¡No es la materia físico-química de las ciencias naturales! Para la filosofía marxista de la praxis no hay materia objetiva sin sujeto, ni sujeto sin materia objetiva.

• **Mediación:** Categoría fundamental del pensamiento dialéctico. Expresa el nexo, el vínculo y el pasaje entre dos momentos del desarrollo y el movimiento. Al estudiar la sociedad, lo más difícil es explicar las mediaciones entre la economía y el poder, entre la acción reivindicativa y la política, entre los movimientos sociales y la revolución socialista. Cuando el marxismo soslaya las mediaciones, se transforma en un vulgar mecanicismo, donde todo se reduce a un esquema simplista de "una causa... un efecto".

• **Mercancía:** Forma social que adquieren los productos del trabajo humano en la sociedad mercantil capitalista. Un objeto es mercancía si además de tener valor de uso (utilidad) posee valor. Sólo es mercancía lo que se produce para vender, no para consumir directamente. En la mercancía están encerradas las potenciales contradicciones antagónicas del capitalismo.

• **Metafísica:** Toda concepción del mundo, puramente especulativa, desvinculada de la historia y la práctica, que se postula como si estuviera al margen del tiempo y el espacio. En toda metafísica predomina una interpretación del mundo, no su transformación. La metafísica se caracteriza por sus pretensiones de (falsa) universalidad.

• **Método:** Conjunto de reglas lógicas que guían el pensamiento y la práctica.

• **Método dialéctico:** Para Marx, este método plantea la unidad de la investigación histórica y de la exposición lógica de los resultados obtenidos, siguiendo la línea: concreto-abstracto-concreto. El conocimiento parte de las contradicciones de la sociedad real. Luego la teoría abstrae, construye categorías, hipótesis y conceptos, y finalmente vuelve otra vez a la sociedad, para intervenir en sus contradicciones mediante la praxis. Según Marx, la **lógica dialéctica** de conceptos y categorías está estrechamente vinculada a la historicidad de la sociedad. La lógica dialéctica de la exposición teórica —*El Capital*— expresa y resume la historia de la sociedad —el capitalismo—. La clave del método dialéctico está en concebir la sociedad como una totalidad y el desarrollo histórico a partir de las contradicciones.

• **Modernidad capitalista:** Época histórica atravesada por la urbanización e industrialización aceleradas, grandes medios de comunicación, procesos de secularización religiosa, desacralización de valores trascendentes, desencantamiento del mundo y predominio despiadado del valor de cambio. Según Marx tiene un carácter contradictorio. Por un lado genera "progreso" y posibilidades de emancipación individual y colectiva; por el otro, barbarie, vandalismo, conquista, sojuzgamiento, opresión, genocidio y explotación. El racionalismo liberal sólo atiende al primer aspecto. El posmodernismo, sólo al segundo. Marx ve ambos.

• **Modo de producción:** Conjunto articulado de relaciones sociales de producción. Los diversos modos de producción permiten periodizar la historia humana. Según la teoría marxista de la historia, cada uno de ellos expresa las relaciones sociales en su máxima pureza y en su concepto esencial. En las sociedades empíricas y concretas, las relaciones sociales nunca se dan puras, están combinadas con relaciones de otros modos de producción (siempre hay uno que predomina sobre los demás).

• **Neoliberalismo:** Fase globalizada del imperialismo capitalista. Ideología que acompañó la ofensiva capitalista a nivel mundial desde 1973 —golpe de Estado en Chile—, pasando por Margaret Thatcher y Ronald Reagan, hasta 1994 —alzamiento zapatista en México—. Promueve la libre circulación del capital, las privatizaciones, el desmantelamiento de los derechos sociales, la reducción de los gastos en educación y salud, la represión de la clase obrera, el conservadurismo cultural, el machismo, la xenofobia, la vigilancia y el control permanente de los individuos, el racismo y la militarización de todo el planeta. Entra en una fase de crisis a fines de 1990, a partir de las rebeliones contra la globalización capitalista en diversas ciudades del mundo.

• **Plusvalor o plusvalía:** Fracción del valor producido por la fuerza de trabajo que es apropiada gratuitamente por el capitalista. Constituye el origen de la explotación. Representa un trabajo impago. Se produce en un tiempo de trabajo excedente. Es la fuente de vida del capital. Se divide y reparte entre diferentes capitalistas: como interés (bancos), ganancias (industriales) y rentas (terratenientes).

• **Praxis:** Actividad humana que transforma la sociedad y la naturaleza transformando, a su vez, al sujeto que la ejerce. Ya sea en la política, el arte, la ciencia o el trabajo productivo. Como concepto, expresa la unidad de la teoría y la práctica. Es la categoría fundamental de la filosofía de Marx.

• **Producción-mercado-consumo:** La **producción** es el ámbito donde se generan las mercancías. Allí se produce la explotación ("invisible" a la conciencia inmediata). El **mercado** es el lugar de la distribución y el intercambio de mercancías. Es lo más visible en el capitalismo. El **consumo** es el espacio donde las mercancías llegan a los consumidores. Según Marx, aunque todos estos momentos están relacionados, el que marca el ritmo del conjunto es la relación de producción.

• **Reformismo:** Corriente política que busca parches y remiendos para el capitalismo, reclamando reformas y migajas para el trabajador, pero sin cuestionar al sistema en su conjunto. Combate los efectos "no deseados" del sistema, no sus causas. Propone cambios graduales. Rechaza la confrontación con el poder. Limita la lucha a lo inmediato y puntual, sin apuntar a la totalidad.

• **Relaciones sociales de producción:** Vínculos sociales que se establecen entre los seres humanos para producir y reproducir su vida material y cultural. Los diversos tipos de relaciones de producción permiten diferenciar una época histórica de otra. En las sociedades de clases, toda relación de producción es al mismo tiempo una relación económica, una relación de poder y una relación de fuerzas entre las clases. Las relaciones de producción capitalista expresan la contradicción antagónica entre los propietarios de dinero y los de fuerza de trabajo. No hay conciliación posible entre ambos.

• **Reproducción:** Mantenimiento y producción continuada de las relaciones sociales. Puede ser simple —en la misma escala— o ampliada. En este último caso, es sinónimo de acumulación. En el modo de producción capitalista, la reproducción nunca es automática. Presupone siempre mecanismos hegemónicos y ejercicio de la fuerza material (o su amenaza).

• **República parlamentaria:** Forma específicamente moderna de dominio político burgués. Cuenta con una serie de instituciones y mecanismos flexibles que le permiten ejercer y reproducir un poder político de clase: las cámaras legislativas, la autonomía relativa de la burocracia, la prensa organizada en las grandes urbes, los partidos políticos de masas, el "libre juego" entre sindicatos obreros y corporaciones empresarias, las alianzas y fraccionamientos políticos, las elecciones periódicas (donde siempre se elige entre dos caras de la misma moneda...), etc. Según Marx, es una forma de dominación política anónima e impersonal, que representa al conjunto de la burguesía. Por eso resulta mucho más eficaz para ejercer el dominio sobre los trabajadores que una dictadura o una monarquía.

• **Revolución bolchevique:** Primera revolución socialista triunfante en la historia de la humanidad. También conocida como "Revolución de octubre". Se produjo en 1917. Fue dirigida principalmente por Lenin y también por Trotsky. Antes de que se burocratice, logró influencia mundial. Marcó a fuego todo el siglo XX: desde la política hasta el cine y la pintura. Para frenar y contrarrestar su influencia en Occidente, Henry Ford y John Maynard Keynes planearon reformas al capitalismo. Con su revolución, Lenin consiguió muchas más reformas para los obreros del mundo que todos los reformistas juntos.

• **Revoluciones burguesas:** Se producen en el norte de Italia (siglo XV y XVI). Luego en los Países bajos (1579), Inglaterra (1645-1649 y 1688-1689), EE. UU. (1776) y Francia (1789). Al generalizar la ideología del liberalismo, la Revolución Francesa se convierte en el paradigma clásico de revolución burguesa. Ésta separa la Iglesia del Estado, construye el Estado-nación, el mercado interno y el Ejército "nacional" (burgués). Inaugura la dominación política de la burguesía y el reinado absoluto del dinero y el valor de cambio.

• **Revolución socialista:** Se propone crear una sociedad futura de hombres y mujeres nuevos, liberados de la explotación económica pero también de la dominación política de la subjetividad, la alienación y el fetichismo mercantil, la burocracia, el patriarcalismo, el racismo, el etnocentrismo y la xenofobia. Es un proyecto centralmente político, pero también ético y cultural.

• **Sentido común**: Ámbito espontáneo de nuestras opiniones cotidianas. Es caótico y contradictorio. Nunca es ajeno a las ideologías. Es un campo de batalla entre diversas concepciones del mundo y escalas de valores. El marxismo aspira a reforzar en su seno las opiniones progresistas y a combatir las reaccionarias. La filosofía de la praxis intenta superar su espontaneidad para lograr una concepción del mundo crítica y coherente.

• **Sociedad civil:** Tiene muchos significados. En Hegel hace referencia a las instituciones del mercado y también a algunas instituciones políticas, como la policía y la administración de justicia. En Marx alude al conjunto de las relaciones sociales de producción de la sociedad capitalista. En Gramsci remite a las instituciones políticas que no son estrictamente económicas (no pertenecen al mercado) ni estatales (no son necesariamente parte del Estado): escuela, universidad, medios de comunicación, partidos políticos, sindicatos, sociedades de fomento, iglesias, etc. Estas instituciones tienen por finalidad generar consenso y construir la hegemonía. Gramsci también denomina a la sociedad civil "Estado ampliado".

• **Teología de la liberación:** Corriente filosófica y teológica que intenta fusionar el marxismo con el cristianismo revolucionario. Aunque originariamente tuvo ideólogos franceses, la mayor parte de sus seguidores son latinoamericanos. Retoma el humanismo de Marx (así como también del Che Guevara o de Camilo Torres) y lo interpreta desde el mensaje profético del cristianismo.

• **Tiempo de trabajo socialmente necesario:** Dimensión cuantitativa de la teoría del valor. Cantidad de trabajo abstracto. Constituye la medida social —no individual— del valor de las mercancías.

• **Trabajo:** Proceso de intercambio y mediación entre el ser humano y la naturaleza, inserto en relaciones sociales. Cuando es libre, Marx lo concibe como una actividad vital humana orientada a un fin que modela según las leyes de la belleza. Pero en la sociedad capitalista no es libre: es forzado, está alienado y enajenado. Se convierte en una tortura y en una obligación impuesta por la dominación capitalista. El capitalismo de nuestros días obliga a una parte de los trabajadores a desgastar su vida trabajando el doble, y a la otra, la condena al desempleo, en lugar de repartir el trabajo entre todos, reduciendo el trabajo necesario de reproducción y aumentando el tiempo libre de ocio y disfrute para el conjunto.

• **Trabajo abstracto:** Trabajo social global que en la sociedad capitalista genera valor. Dimensión cualitativa de la teoría del valor, estrechamente ligada a la teoría del fetichismo. Característica que asume el trabajo humano cuando su sociabilidad es indirecta y está mediada por el mercado y el equivalente general. Principal descubrimiento teórico de Marx en su crítica de la economía política.

• **Valor:** No es una cosa ni una propiedad intrínseca de las cosas. Es una relación social de producción. En ambos polos de la relación vincula a poseedores de mercancías. Cuando los productos del trabajo se generan dentro de relaciones de valor, se producen para ser vendidos en el mercado. Marx distingue históricamente diversas relaciones de valor. Desde la más simple (el trueque) hasta la más desarrollada (el dinero).

Marx y Engels en Internet

En internet se puede comenzar la lectura de textos marxistas navegando en las siguientes direcciones:

- http://www.ucm.es/info/bas/es/biblioteca.htm (en ese sitio de la Universidad Complutense de Madrid se pueden consultar las *Obras Escogidas* de Marx y Engels y también *El Capital* en diversas traducciones al español: la de Wenceslao Roces y la de Pedro Scarón).
- http://www.marxists.org (aquí se pueden encontrar diversos textos clásicos del marxismo y, aunque muchos están en inglés, se pueden establecer conexiones en numerosos idiomas, incluido el español)
- http://www.rebelion.org (aquí se pueden consultar textos y análisis de actualidad de importantes ensayistas marxistas, principalmente en español y, en algunos casos, en inglés)
- http://lusomarx.cjb.net/ (aquí se pueden encontrar textos clásicos del marxismo y ensayos actuales de marxistas en portugués)
- http://www.filosofia.cu/ (aquí se pueden encontrar textos de Marx y también de ensayistas marxistas latinoamericanos)
- http://www.hkwm.de/hkwm/ (aquí se pueden encontrar textos marxistas en alemán)

El autor

Néstor Kohan es investigador y docente de la Universidad de Buenos Aires (UBA) y la Universidad Popular Madres de Plaza de Mayo (UPMPM). Fue jurado en Casa de las Américas y en el doctorado de la UBA. Ha escrito numerosos libros sobre el marxismo. En esta colección, es autor de *Gramsci para Principiantes* (con ilustraciones de Miguel Rep) y *Fidel para Principiantes*. Además, ha publicado: *Marx en su (Tercer) mundo* (1998, reeditado en Cuba); *La Rosa Blindada, una pasión de los 60* (1999); *Deodoro Roca, el hereje* (1999); *De Ingenieros al Che. Ensayos sobre el marxismo argentino y latinoamericano* (2000. Prólogo de Michael Löwy); *Antonio Gramsci: Filosofía de la praxis y teoría de la hegemonía* (2000); *El Capital: Historia y Método* (2002, reeditado en Argentina, Cuba y México); *Toni Negri y los desafíos de Imperio* (2002); *Che Guevara: El sujeto y el poder* (2003. Prólogo de Michael Löwy, reeditado en Argentina); *Ideario socialista* (2003); *Introducción al pensamiento marxista* (2003, reeditado en Argentina, Brasil y España). También ha prologado libros de Adolfo Sánchez Vázquez, Armando Hart Dávalos, Carlos Tablada, Karl Marx, Rosa Luxemburg, György Lukács, Antonio Gramsci, etc. Su correo electrónico es: nbkohan@yahoo.com.ar

Dedico mi parte de este libro a la memoria del Che, de Robi, de Miguel Enríquez y de Roque Dalton. N.K.

El ilustrador

Pier Brito nació en Montevideo, en 1974. Realizó cómics para editoriales nacionales e internacionales, libros infantiles, ilustraciones para revistas y *storyboards* para filmes. Da clases de dibujo de historietas en la escuela Sótano Blanco, y aguarda que lo llamen para hacer la tapa de un buen disco. Su correo electrónico es: pierbrito@yahoo.com.ar

www.ingramcontent.com/pod-product-compliance
Lightning Source LLC
Chambersburg PA
CBHW071213240726
48654CB00009B/772